U0601809

构建新发展格局

刘元春　范志勇◎著

Fostering a New Development Dynamic

中国人民大学出版社
·北京·

前　言

　　党的二十大报告指出，全面建成社会主义现代化强国，总的战略安排是分两步走：从 2020 年到 2035 年基本实现社会主义现代化；从 2035 年到本世纪中叶把我国建成富强民主文明和谐美丽的社会主义现代化强国。

　　在过去十年里，贯彻新发展理念，着力推进高质量发展，推动构建新发展格局，实施供给侧结构性改革，是我国经济实力实现历史性跃升的重要保障。到 2035 年，我国要实现经济实力、科技实力、综合国力大幅跃升，人均国内生产总值迈上新的大台阶，达到中等发达国家水平。这一目标的实现同样依赖于建成现代化经济体系，形成新发展格局。

　　加快构建新发展格局是我国在内外部环境变化下作

出的战略选择，与新常态理论、新发展理念、供给侧结构性改革以及高质量发展理论一脉相承，是习近平新时代中国特色社会主义经济思想和中国特色社会主义政治经济学的新发展。

改革开放初期，我国的政策导向以出口为主、进口为辅，鼓励以劳动力要素参与外循环的加工贸易。这一时期树立了"促进出口、限制进口，保护与促进国民经济发展，保证国家关税收入"的对外开放总方针，政策动机集中在扩大贸易顺差、积累外汇储备。在此期间，我国加入世界贸易组织（WTO），参与国际经济循环的内外部环境大幅优化。国内法律和行政管理制度改革，尤其是《中华人民共和国对外贸易法》的修订，显著促进了统一、规范、透明的对外贸易制度体系的形成。

进入新常态之后，我国的对外开放政策以"稳增长、转方式、调结构"为中心基调，致力于在建设强大国内市场的同时实现更高水平的对外开放。这一阶段的政策导向从之前的"进出口并重"转向"扩大进口规模"，并于2017年进一步提出"积极扩大进口，促进贸易平衡"。2020年党的十九届五中全会明确提出要坚持扩大内需这个战略基点，畅通国内大循环，促进国际国内双循环，拓展投资空间。

十八大以来，党中央根据新时代面临的新格局、新挑战、新规律和新使命，提出了一系列以内需拉动和创新驱动促进经济发展的举措。2019年中央财经委员会第五次会议决定，要坚持独立自主和开放合作相促进，打好产业基础高级化、产业链现代化的攻坚战。2022年党的二十大报告指出，必须要完整、准确、全面贯彻新发展理念，坚持社会主义市场经济改革方向，坚持高水平对外开放，加快构建以国内大循环为主体、国内国际双循环相互促进的新发展格局。

新发展格局是我国在新发展阶段对发展战略的提升和深化。改革开放以来，我国经济的快速发展、综合国力的大幅提升为构建新发展格局奠定了坚实的供给基础、需求基础、制度基础、实践基础、理论基础，提供了战略窗口期。新发展格局是党和政府顺应经济发展规律，着眼于发挥我国具有全球最完整且规模最大的工业体系、拥有强大的生产能力、拥有完善的配套能力、拥有超大规模的内需市场、投资需求潜力巨大等发展优势，根据我国发展阶段、环境、条件变化提出的，是对既有发展战略的提升和深化。构建新发展格局要坚持以推动高质量发展为主题，把实施扩大内需战略同深化供给侧结构性改革有机结合起来，增强国内大循环内生动力和可靠性，提升国际循环质量和水平，加快建设现代化经济体系。

当前中国经济已经从高速增长转向高质量增长，正处在转变经济发展方式、优化经济结构、转换增长动力的攻关期，面临着结构性、体制性、周期性问题相互交织带来的困难和挑战。2023年是全面贯彻落实党的二十大精神的开局之年，是"十四五"规划承上启下的关键之年。实现高质量发展和新发展格局将是2023年经济运行的核心主题。

刘元春

目　录

第一章

构建新发展格局的
时代背景

　　在 2020 年我国全面建成小康社会目标即将实现，开启第二个百年奋斗目标新征程之际，党的十九届五中全会对社会主义现代化国家新阶段建设作出战略部署，特别明确了"十四五"和 2035 年远景发展目标。目标中尤其对高质量发展提出了深刻的要求。而实现高质量发展就需要贯彻新发展理念，构建新发展格局。

　　新发展格局战略是在新的全球经济形势急剧变化、原有发展格局难以满足我国高质量发展要求的背景下提出的，旨在解决我国经济发展中不平衡不充分的问题。现阶段，我国面临着传统增长模式难以为继和经济风险加剧的压力，客观上决定了新发展格局是一种改革深化格局和风险防范格局，是一种整体发展格局，其战略实质是供求动态平衡。新发展格局的战略支撑是创新引领，战略基点是扩大内需，战略方向是深入推进供给侧结构性改革，战略重点是"一带一路"，战略突破口是区域改革开放新高地，战略目标是现代化经济体系。我国正处在第一个百年奋斗目标实现基础上以及开启第二个百年奋斗目标新征程的新起点上，应统筹"两个大局"，这历史性地决定了新发展格局是一种目标导向格局，其根本目的是实现中华民族近代以来最伟大的梦想：实现中华民族的伟大复兴，实现中国特色社会主义基本纲领。①

改革开放以来，我国经济社会发展取得了举世瞩目的成就，但在新时期面临着新的发展困境和新的挑战。特别是，随着新时代对经济高质量发展的需求，传统发展格局和增长模式的局限日益凸显。

第一节　新时期、新发展面临新挑战

一、传统增长难以为继

在新发展格局下，传统增长模式不可持续，难以满足高质量发展需要。伴随过去 40 多年的经济增长，我国经济总量已经跃居世界第二，出口贸易总额位居世界第一，步入经济大国行列。习近平总书记在 2014 年就指出，"必须清醒地看到，我国经济规模很大、但依然大而不强，我国经济增速很快、但依然快而不优。主要依靠资源等要素投入推动经济增长和规模扩张的粗放型发展方式是不可持续的"②。

---

① 刘伟，刘瑞明. 新发展格局的本质特征与内在逻辑. 宏观经济管理，2021（4）：7-14.

② 习近平. 在中国科学院第十七次院士大会、中国工程院第十二次院士大会上的讲话. 北京：人民出版社，2014：7.

从国内经济结构看，过去粗放式发展模式积累了大量结构性问题，问题大量集中在产业结构、动力结构、收入分配结构、城乡与区域结构等方面。"在经济结构、技术条件没有明显改善的条件下，资源安全供给、环境质量、温室气体减排等约束强化，将压缩经济增长空间"①。经济增长空间的压缩表明，传统数量型高速增长模式已不可持续，在这种情况下，亟须重塑发展格局，转变发展方式，推动经济高质量发展。

从国际竞争环境看，在过去的 40 多年中，我国凭借工业成本优势推动中国制造在全球地位的确立，但"老是在产业链条的低端打拼，老是在'微笑曲线'的底端摸爬，总是停留在附加值最低的制造环节而占领不了附加值高的研发和销售这两端，不会有根本出路"②。同时，随着近年来我国劳动力成本上升和资源环境压力不断增大，我国制造业传统成本优势不复存在，曾支撑我国经济快速增长的出口加工贸易逐渐由我国东南沿海向劳动力和环境成本更低的东南亚国家转移。特别是随着

---

① 习近平．关于《中共中央关于制定国民经济和社会发展第十三个五年规划的建议》的说明，人民日报，2015 - 11 - 04.

② 中共中央文献研究室．习近平关于科技创新论述摘编．北京：中央文献出版社，2016：26.

发达国家制造业回流的趋势不断明显，我国工业发展面临的国际竞争日益加剧。传统粗放式增长模式对外依赖较大、经济结构失衡、潜在风险加大等问题长期以来未能得到实质性解决，不断累积加剧，并伴随着外部压力增大，日益成为束缚我国经济发展的突出矛盾。

从综合国内外经济形势变化的角度出发，打通国内大循环，促进国内外循环协同发展，构建新发展格局，是大势所趋。"当前经济形势仍然复杂严峻，不稳定性不确定性较大，我们遇到的很多问题是中长期的，必须从持久战的角度加以认识，加快形成以国内大循环为主体、国内国际双循环相互促进的新发展格局，建立疫情防控和经济社会发展工作中长期协调机制，坚持结构调整的战略方向，更多依靠科技创新，完善宏观调控跨周期设计和调节，实现稳增长和防风险长期均衡"①。

二、世界形势发生变化

良好的国际经济环境和经济全球化的浪潮是改革开放后推动我国经济增长的重要条件。伴随着 2008 年国际金融危机以来世界经济发展环境的快速变化，逆全球化

---

① 中共中央政治局召开会议决定召开十九届五中全会 中共中央总书记习近平主持会议. 人民日报，2020 - 07 - 31.

出现，新兴经济体竞争加剧，以及大国经济博弈下科技创新在经济发展中的重要性开始凸显，我国在国际大循环中面临的风险和困难加剧，迫切需要重塑国际合作和竞争新优势的新格局。

纵观历史，我国以投资拉动经济增长的模式与经济全球化的浪潮紧密联系在一起。自20世纪80年代起，经济全球化进入加速期，我国的改革开放正好顺应了全球化浪潮，而庞大的人口和市场规模也吸引着发达国家的潜在投资者。正是在全球化浪潮兴起的背景下，我国的改革开放和经济社会发展与西方发达国家的利益矛盾尚未充分显现。2001年我国成功加入WTO以及《中美贸易发展框架合作协议》的签订，使我国经济发展的外部环境趋好。改革开放与经济全球化浪潮兴起的需求一致，为我国经济的快速腾飞提供了较宽松的国际环境。我国经济通过吸引外资弥补国内资本不足的缺陷，通过对外贸易驱动国内工业发展，引进技术进而在"干中学"中促进技术升级。一系列有利于我国开放发展的世界经济环境为我国扩大投资、经济增长提供了供给和需求方面的支持，也是我国传统经济模式创造"中国奇迹"的重要条件所在。

　　但是，2008年国际金融危机以来，世界经济发展环境发生显著变化。"一些国家政策内顾倾向加重，保护主义抬头，'逆全球化'思潮暗流涌动"①。"逆全球化"改变了改革开放以来我国投资驱动的外向型经济增长模式的生存环境。一方面，国际经济秩序发生新变化。以美国为首的发达国家经济复苏缓慢，新兴经济体经济发展水平不断提升，使得发达国家转变其全球化经济策略，"逆全球化"现象逐渐出现。这使得国际范围内的贸易争端不断加剧、投资壁垒不断加高加厚，我国经济快速增长的外部环境发生变化。另一方面，在促进制造业回流的政策主导下，美国政府实施了大量的税收优惠和政府行政干预等措施，并且在多个关键技术领域对我国制定了"卡脖子"的问题清单。美国是我国主要的国际直接投资（FDI）来源国，其对外政策的转变直接影响到我国的投资和贸易水平，进而制约传统外资利用型经济驱动方式的增长潜力。由此，推进科技创新，解决"卡脖子"问题，显得迫在眉睫。

　　在此背景下，2020年5月14日，习近平总书记在

----

　　① 习近平. 在金砖国家领导人第八次会晤上的讲话（全文）. 共产党员网，2016-10-17.

中共中央政治局常务委员会会议上指出，"要深化供给侧结构性改革，充分发挥我国超大规模市场优势和内需潜力，构建国内国际双循环相互促进的新发展格局"①。习近平总书记的这次重要讲话，不仅系统说明了形成新发展格局的重要性和主要战略举措，而且将"关于加快形成以国内大循环为主体、国内国际双循环相互促进的新发展格局的理论"列入改革开放以来"不仅有力指导了我国经济发展实践，而且开拓了马克思主义政治经济学新境界"的系列理论成果，成为指导我国"十四五"规划和未来一段时期经济社会发展的核心指导思想和基本战略遵循。因此，这就需要我们多方面多角度地理解这一战略思想的深刻内涵。②

三、构建新发展格局的必要性和紧迫性

习近平总书记指出，"新发展格局是根据我国发展阶段、环境、条件变化提出来的，是重塑我国国际合作和竞争新优势的战略抉择"③。因此，这一战略抉择本质上是适应百年未有之大变局加速调整、国内高质量发展步

---

① 中共中央政治局常务委员会召开会议. 人民日报，2020－05－15.

② 刘元春. 深入理解新发展格局的科学内涵. 山东经济战略研究，2020（10）：4.

③ 习近平. 在经济社会领域专家座谈会上的讲话. 前进，2020（9）：4－6.

入新阶段、国内发展主要矛盾出现新情况和新规律的一次必然战略调整和战略再定位,而不是在偶然事件冲击下的应急措施;是新阶段中国发展内外部因素综合作用的内生产物,而不是单纯外部条件影响形成的产物。它不仅关乎我国如何在百年未有之大变局中构建强大的经济基本盘,更关乎中华民族伟大复兴能否在第二个百年奋斗目标开局之际打下坚实的经济基础。因此,在理论和实践中,必须把它放在社会主义现代化建设的长时段战略框架中进行把握。

新发展格局是应对大变革时代各种危机和风险挑战的必然选择,是适应经济全球化在民族主义、孤立主义、保护主义、霸权主义以及新冠肺炎疫情冲击下结构性、趋势性调整的必然选择,更是底线思维在新阶段、新环境中,以及面临新挑战和新机遇时的新应用。习近平总书记指出,"当今世界正经历百年未有之大变局。当前,新冠肺炎疫情全球大流行使这个大变局加速变化,保护主义、单边主义上升,世界经济低迷,全球产业链供应链因非经济因素而面临冲击,国际经济、科技、文化、安全、政治等格局都在发生深刻调整,世界进入动荡变革期。今后一个时期,我们将面对更多逆风逆水的外部环境，必须做好应对一系列新的风险挑战的准备"①。这决定了中国这样的经济大国必须坚持底线思维，将经济发展的动力和重心转向以国内经济大循环为主体，在进一步开放中重新布局开放的模式，更好地统筹发展与风险、开放与安全之间的关系。

新发展格局是在危与机并存的新发展阶段化危为机、转危为机的必然战略选择。我们不仅要从历史发展的角度准确看到国内经济大循环与国际经济大循环、挑战与机遇之间的辩证关系，还要准确研判国内外环境演变的新趋势和新规律，从中寻找到化危为机的战略路径。

四、新发展格局的历史逻辑、理论逻辑和实践基础

新发展格局是遵循现代大国经济崛起的一般规律的产物。包括英国、美国、德国、日本在内的大国经济发展史都表明，在市场经济体系下，任何经济大国的成长都需经历由弱到强、由"以外促内"转向"以内促外"的必然调整，大国经济崛起最为关键的标志就是构建出安全、可控、富有弹性韧性、以内为主、控制世界经济关键环节的经济体系。我国从出口导向的发展模式转向

---

① 习近平．正确认识和把握中长期经济社会发展重大问题．前进论坛，2021（3）：11-12．

强调内需拉动、创新驱动的发展模式，符合大国经济发展的历史规律。

　　早在 2006 年和 2011 年我国出台的《中华人民共和国国民经济和社会发展第十一个五年规划纲要》（简称"十一五"规划）和《中华人民共和国国民经济和社会发展第十二个五年规划纲要》（简称"十二五"规划）中，就明确提出对"两头在外"出口导向型经济发展战略进行调整，要求"立足扩大国内需求推动发展，把扩大国内需求特别是消费需求作为基本立足点，促使经济增长由主要依靠投资和出口拉动向消费与投资、内需与外需协调拉动转变"。党的十八大以来，党中央根据新时代面临的新格局、新挑战、新规律和新使命，提出了一系列以内需拉动和创新驱动来促进经济发展的举措：2012 年底的中央经济工作会议提出，以"扩大内需、提高创新能力、促进经济发展方式转变"替代"简单纳入全球分工体系、扩大出口、加快投资"的传统模式；2014 年底的中央经济工作会议提出经济发展新常态，要求对三期叠加面临的深层次问题进行梳理；2015 年底的中央经济工作会议提出新发展理念和供给侧结构性改革，并进行了全面战略部署；2016 年的《中华人民共和国国民经济和社会发展第十三个五年规划纲要》（简称"十三五"规划），要求"要准确把握战略机遇期内涵的深刻变化，更加有效地应对各种风险和挑战，继续集中力量把自己的事情办好，不断开拓发展新境界"；2018年底的中央经济工作会议在深化供给侧结构性改革的基础上提出"畅通国民经济循环""促进形成强大国内市场"；2019年政府工作报告将"畅通国民经济循环""持续释放内需潜力""促进形成强大国内市场"作为关键词；2019年中央财经委员会第五次会议决定，要"坚持独立自主和开放合作相促进，打好产业基础高级化、产业链现代化的攻坚战"。因此，党中央在2020年提出"以国内大循环为主体、国内国际双循环相互促进的新发展格局"，是在过去十多年持续探索的基础上，对以往各种政策构想和战略思维所进行的全面提升和综合。关于新发展格局的理论与新常态理论、新发展理念、供给侧结构性改革以及高质量发展理论一脉相承，是习近平新时代中国特色社会主义经济思想和中国特色社会主义政治经济学的新发展。

关于新发展格局的理论不仅具有历史逻辑和理论逻辑，更具有坚实的实践基础。中国经济过去多年的快速发展已经为全面建立以国内大循环为主体的格局奠定了供给基础、需求基础和制度基础。新冠疫情及全球经济格局的加速变革，为全面启动新发展格局提供了前所未有的机遇。在供给层面，中国已建立了全世界最为齐全、规模最大的工业体系，是全世界唯一拥有联合国产业分类中全部工业门类的国家，国内产业相互配套，规模效应、范围效应以及学习效应在产业体系中全面展现，产业链具有较好的自我循环能力。同时，"中国制造"开始向"中国智造""中国创新"转变，国内各经济主体拥有基本的创新能力和创新动力，政府主导下的基础研究和技术赶超体系、庞大市场诱导下的商业创新体系，为中国创新注入了自我创新的内生动力。

在需求层面，中国拥有超大规模市场，不仅具有14亿多的世界最大人口规模，更具有4亿多人口的世界最大中等收入群体，消费品零售总额和进出口总额都位居世界前两位，并具有快速增长的潜力。由此可以看出，外需和内需的关系已经出现了重大改变。

在制度和机制层面，改革持续推进，市场在资源配置中的决定性作用进一步发挥，统一公平的全国大市场也在各类基础性改革、供给侧结构性改革和改善营商环境等举措的作用下逐步形成，国民经济在生产、分配、流通和消费等环节基本实现畅通。相对稳定、相对独立、富有效率、良性互动的国内经济大循环，已成为中国经济的基本盘。

党中央在新冠疫情防控阻击战和经济复苏保卫战取得阶段性成果之际，提出"加快形成以国内大循环为主体、国内国际双循环相互促进的新发展格局"，充分把握了化危为机、趁势而为的战略时点。这不仅有利于形成转向国内大循环的战略共识，而且可以借助经济率先复苏的优势，通过快速复工复产进行国内经济大循环的合理布局。

五、以马克思主义政治经济学把握新发展格局的核心命题

首先，以马克思主义社会总生产循环理论来把握国内经济大循环和国际经济大循环的内涵和边界。

一是要对国内经济大循环做出准确定义和理解，避免理论和战略上的杂音。所谓国内经济大循环，是以满足国内需求为出发点和落脚点，以国内的分工体系和市场体系为载体，以国际分工和国际市场为补充和支持，以国民经济循环顺畅、国内分工不断深化、总体技术水

平不断进步为内生动力的资源配置体系。而国际经济大循环则是以国际分工和国际市场为基础，以国际产业链和价值链为依托，以国际贸易、国际投资和国际金融为表现形式，基于比较优势的各经济体相互竞争、相互依存的经济循环体系。因此，并非如有些观点所认为的，国际经济大循环等同于自由的经济循环，国内经济大循环等同于封闭的经济循环。事实上，各种国外的经济主体和要素都可参与到我国国内经济大循环之中，只要其落脚点在于我国国内分工和国内市场的资源配置，其目的在于满足我国国内需求和提升国内的生产力与竞争力。国内经济大循环需要与国际经济大循环相对接，国内经济大循环需要在开放中利用国内国际两个市场、两种资源。国内经济大循环与国际经济大循环不是进行简单联通，而是在全面联通的基础上，形成以国内大循环为主体、国内国际双循环相互促进的新发展格局。这个双循环体系本质上是一个开放的体系，但与传统"两头在外"的外向型发展战略相比，在开放的方式、路径、落脚点、目标以及内外之间的关系上都进行了重大调整。

二是在国民经济的四个环节即生产、分配、流通和消费中，生产环节依然具有先导性和决定性作用，因此供给侧结构性改革依然是国内大循环畅通的核心。

三是要明确再生产的矛盾运动不仅体现在价值总量的匹配上，还体现在产品的结构性匹配上；不仅体现在静态总量与结构的匹配上，还体现在动态扩展的匹配上。因此，推进国内大循环的畅通，需要多维度的调整和改革。

其次，充分运用生产力与生产关系等基本政治经济学原理，梳理新发展格局这一战略决策的基本命题和核心内容。

一是坚持以生产力作为判断战略调整的核心标准。中国发展战略究竟是"以国际经济大循环为依托，以外促内"，还是"以国内经济大循环为主，以内促外"，必须根据我国分工体系和技术发展的阶段与需要来判断，必须以是否有利于生产力进步、综合国力提升和国民福利改进为标准。现阶段提出新发展格局，其重要原因在于，在国际大循环动能减弱、民族主义和孤立主义兴起的大变革时代，"两头在外"的外向型战略不仅难以快速提升我国的生产力、综合国力和人民生活水平，反而成为经济快速发展的新制约因素。

二是必须理解资本在世界经济循环中的逐利本质，

洞悉帝国主义在世界经济体系中的竞争本质，从根本上认识到目前外部环境的变化具有趋势性和必然性。中国无法单纯依靠国际经济大循环实现生产力和技术的快速进步。依赖国际经济参与的深化不仅难以从根本上突破比较优势带来的低水平技术锁定效应，也难以解决在大国博弈中遭遇的"卡脖子"问题。中国竞争力的提升必须根源于内部循环畅通和技术进步。

三是生产力的快速发展不仅体现为技术进步，还体现为分工体系的拓展和深化。基于此，适应生产力发展的生产关系调整不仅体现在新型创新体系的构建上，还体现为在大循环畅通下分工体系中各种生产组织体系的创新和发展。因此，新型科技体系与企业家创新活力是新发展格局形成的核心要素。

四是生产关系的调整不仅体现在生产、分配、流通和消费等环节的改革和完善，更体现在基本经济制度的完善和经济治理能力的提升。新发展格局必须通过深化改革来激发新发展活力。

六、布局新发展格局的实施路径和重点举措

我们应该根据当前经济发展面临的主要矛盾和矛盾的主要方面的发展变化，来布局新发展格局的实施路径

和重点举措。

其一，应针对各种理论上的噪声和杂音进行准确的理论批判，通过理论上的梳理和构建尽快形成思想上的共识。旗帜鲜明地反对认为以国内大循环为主就是闭关锁国、发展内循环就会导致内卷化的观点；避免战略问题战术化和项目化，避免把新发展格局战略决策等同于"出口转内销"等短期应急举措；避免将任何举动都戴上双循环的帽子，过于泛化使用新发展格局概念。

其二，当前，我国疫情防控面临新形势新任务，防控工作进入新阶段。在"因时因势决策，科学精准防控"的前提下尽快实现国内经济复苏，抓住国内经济大循环快速启动和全面梳理的战略时机。

其三，根据内外部环境的变化规律，把握国内经济循环面临的痛点、断点和堵点，判断出各类风险及其传递方式，完成好"六稳""六保"工作，保证经济基本盘的稳定和安全，防止受外部冲击出现系统性风险。

其四，紧抓扩大内需这个战略基点，全面落实2022年政府工作报告提出的一揽子政策，通过有效扩大内需弥补中美经贸摩擦、疫情冲击、全球经济深度下滑带来的外需收缩缺口，在总需求与总供给相对平衡的前提下，逐步通过全面深化国内经济大循环和开放格局重构来缓解战略转型带来的冲击。

其五，全面对接供给侧结构性改革和高质量发展，提升供给体系对国内需求的适配性，形成需求牵引供给、供给创造需求的更高水平动态平衡。

其六，全面启动核心技术攻坚战，改革科技创新体系，提升自主创新能力，尽快突破关键核心技术，牢牢把握创新驱动这个国内经济大循环的核心动力源。

其七，以高水平开放迎接未来格局的变化，在统筹开放与安全的基础上进行开放格局和开放模式的调整，依托国内经济大循环和技术创新打造国际合作和竞争新优势。

要想把握新发展格局这一战略构想，就需要我们胸怀中华民族伟大复兴的战略全局和世界百年未有之大变局，把握住未来一段时期的关键定位。首先，在打赢新冠疫情阻击战和持久战的基础上，走出疫情困局，使国民经济在率先复苏中步入常态化；其次，在国内方面，跨越中等收入陷阱，成功步入高收入国家行列；最后，在国际方面，抵挡住美国遏制战略对于中国的冲击，在世界大变局加速演变期间改变目前不对称冲突的格局。

第二节　实现社会主义现代化

新中国成立 70 多年来，我国从积贫积弱走向繁荣富强，创造了举世瞩目的增长奇迹，为第一个百年奋斗目标的实现打下了坚实的基础。一是经济保持长达 40 余年的高增长。1978—2020 年 GDP 平均增速高达 9.3%[①]，使得中国从贫困落后的低收入国家迅速跃升为全球第二大经济体，成为全球经济的"稳定器"与"发动机"。二是城乡居民生活水平大幅提高，从普遍绝对贫困到全面脱贫。改革开放以来，中国的减贫人口占同期全球减贫人口的 70% 以上，为全球减贫事业作出卓越贡献。[②] 三是经济运行格局从"高增长、高波动"转向"高增长、低波动"。尤其是党的十八大以来，随着中国经济迈向高质量发展阶段，经济发展的稳健性与可持续性进一步增强。四是平稳实现了经济体制转轨，没有出现苏联与东欧国家在转轨阶段所经历的经济大幅衰退，为世界提供了罕见的经济转型成功范例。

---

① 若无特殊说明，本章的数据均来自国家统计局网站。

② 习近平. 开放共创繁荣 创新引领未来——在博鳌亚洲论坛 2018 年年会开幕式上的主旨演讲. 人民日报，2018 - 04 - 11.

　　新中国成立之初，虽然处于百废待兴、一穷二白的落后状态，但已经开始探索社会主义现代化的建设道路。① 1964 年第三届全国人民代表大会第一次会议上，"四个现代化"目标首次正式提出，"在不太长的历史时期内，把我国建设成为一个具有现代农业、现代工业、现代国防和现代科学技术的社会主义强国"②。改革开放之后，结合中国经济的实际情况，党的十三大报告提出了社会主义现代化建设的"三步走"战略，其中的第三步是到 21 世纪中叶人均国民生产总值达到中等发达国家水平，人民生活比较富裕，基本实现现代化。

　　党的十五大在"三步走"战略的基础上，首次明确提出了"两个一百年"奋斗目标，并将实现社会主义现代化作为第二个百年奋斗目标，即"到世纪中叶建国一百年时，基本实现现代化，建成富强民主文明的社会主义国家"③。党的十七大对社会主义现代化建设提出了新的要求，即"把我国建设成为富强民主文明和谐的社会

---

　　①　刘伟. 经济发展新阶段的新增长目标与新发展格局. 北京大学学报（哲学社会科学版），2021（2）.

　　②　国务院总理周恩来在第三届全国人民代表大会第一次会议上的政府工作报告. 中华人民共和国国务院公报，1964（18）.

　　③　江泽民. 高举邓小平理论伟大旗帜，把建设有中国特色社会主义事业全面推向二十一世纪——在中国共产党第十五次全国代表大会上的报告（1997 年 9 月 12 日）. 人民日报，1997 - 09 - 22.

主义现代化国家"①，与之前"富强民主文明"相比增加了"和谐"的要求，将社会建设内容纳入社会主义现代化建设之中。党的十八大提出了"全面落实经济建设、政治建设、文化建设、社会建设、生态文明建设"的"五位一体"总体布局②，将生态文明建设进一步纳入社会主义现代化的内涵之中。

党的十九大对实现第二个百年奋斗目标作出分两个阶段推进的战略安排。党的十九届五中全会进一步强调，"到二〇三五年基本实现社会主义现代化，到本世纪中叶把我国建成富强民主文明和谐美丽的社会主义现代化强国"③。通过回顾社会主义现代化内涵的演变历程可以发现，党的十九大报告以及党的十九届五中全会提出的社会主义现代化内涵有以下四点重要变化④：

第一，社会主义现代化的内涵更加丰富。党的十九

---

① 中国共产党第十七次全国代表大会关于《中国共产党章程（修正案）》的决议. 求是，2007（21）.

② 胡锦涛. 坚定不移沿着中国特色社会主义道路前进 为全面建成小康社会而奋斗——在中国共产党第十八次全国代表大会上的报告（2012年11月8日）. 人民日报，2012 - 11 - 18.

③ 中共中央关于制定国民经济和社会发展第十四个五年规划和二〇三五年远景目标的建议. 人民日报，2020 - 11 - 04.

④ 刘伟，陈彦斌. "两个一百年"奋斗目标之间的经济发展：任务，挑战与应对方略. 中国社会科学，2021（3）：18.

大将社会主义现代化的内涵概括为"富强民主文明和谐美丽"，较以往的"富强民主文明和谐"有所拓展。新中国成立以来，社会主义现代化的内涵一直在变化，从最早的"四个现代化"到党的十三大提出的"富强民主文明"，到党的十七大提出的"富强民主文明和谐"，再到党的十九大提出的"富强民主文明和谐美丽"，可以看到，社会主义现代化的内涵是在不断扩展的。从最早更加注重经济与政治建设，到对社会和谐与人民福祉改善重视程度的不断提高，再到"经济建设、政治建设、文化建设、社会建设、生态文明建设"的"五位一体"总体布局，这一系列变化深刻体现了中国共产党以人民为中心的发展思想，将增进民生福祉作为发展的根本目的。

第二，社会主义现代化的内容更加具体。党的十九大首次从两个阶段对实现第二个百年奋斗目标的征程进行了战略安排，勾勒了到 2035 年基本实现社会主义现代化与到 21 世纪中叶实现社会主义现代化的蓝图。党的十九届五中全会发布了《中共中央关于制定国民经济和社会发展第十四个五年规划和二〇三五年远景目标的建议》（简称《建议》），对到 2035 年基本实现社会主义现代化的远景目标进一步细化；与党的十九大对基本实现社会主义现代化的表述相比，在经济发展层面增加了"经济总量和城乡居民人均收入将再迈上新的大台阶""基本实现新型工业化、信息化、城镇化、农业现代化，建成现代化经济体系""人均国内生产总值达到中等发达国家水平""全体人民共同富裕取得更为明显的实质性进展"等重要表述。① 在全面建成小康社会第一个百年奋斗目标的基础上，站在开启迈向第二个百年奋斗目标的新起点，社会主义现代化的内涵不断具体化，为迈向第二个百年奋斗目标提供了明确的行动指南。

第三，社会主义现代化的标准进一步提高。党的十九大报告明确提出要建设"社会主义现代化强国"②，党的十九届五中全会再次强调这一宏伟目标，这与以往建设"社会主义现代化国家"的目标明显不同。伴随着新中国成立以来所取得的伟大成就，中华民族已实现了从"站起来"到"富起来"的历史跨越。站在全面建成小康社会新的历史起点上，中华民族需要进一步实现从"富起来"到"强起来"的伟大飞跃，坚定道路自信、理论

---

① 中共中央关于制定国民经济和社会发展第十四个五年规划和二〇三五年远景目标的建议. 人民日报, 2020 - 11 - 04.

② 习近平. 决胜全面建成小康社会 夺取新时代中国特色社会主义伟大胜利——在中国共产党第十九次全国代表大会上的报告（2017 年 10 月 18 日）. 人民日报, 2017 - 10 - 28.

自信、制度自信、文化自信。这就需要切实解决新时代人民日益增长的美好生活需要和不平衡不充分的发展之间的矛盾，不断促进人的全面发展与全体人民的共同富裕，从而能够以社会主义现代化强国的发展经验为解决人类发展问题贡献中国智慧和中国方案，为发展中国家迈向现代化拓宽途径，为世界上那些既希望加快发展又希望保持自身独立性的国家和民族提供全新选择。

第四，社会主义现代化的特征更加确定。党的十八大以来，习近平总书记发表了一系列扎实推动共同富裕的重要论述，强调"共同富裕是社会主义的本质要求，是中国式现代化的重要特征"，提出要正确认识和把握实现共同富裕的战略目标和实践途径。与西方不同，中国式现代化是全体人民共同富裕的现代化。推动全体人民共同富裕取得更为明显的实质性进展，成为推进中国式现代化、实现第二个百年奋斗目标的一项重大战略任务。新时代促进共同富裕，需采取有效举措扎实推动。要着力扩大中等收入群体规模，推动更多低收入人群迈入中等收入行列，形成橄榄型社会结构；要促进基本公共服务均等化，健全幼有所育、学有所教、劳有所得、病有所医、老有所养、住有所居、弱有所扶等方面的国家基本公共服务制度体系；要依法保护合法收入，规范和调节高收入，清理规范不合理收入，促进各类资本规范健康发展；要促进人的全面发展，促进人民精神生活共同富裕，在提高居民收入、消费能力、教育程度、健康状况、住房条件等的同时，提升人民群众的幸福感、社会融入程度、工作满意度等，满足人民精神文化需求；要促进农民农村共同富裕，巩固脱贫攻坚成果，全面实施乡村振兴战略，深化农村改革，加强农村基础设施和公共服务体系建设，促进城乡融合，增加农民财产性收入，增强乡村发展活力，促进城乡共同发展、共同繁荣。①

　　虽然社会主义现代化的内涵是丰富的，而且在不断地演变和完善，但其背后的核心逻辑是不变的，就是要推动生产力与生产关系、经济基础与上层建筑之间的关系相适应、相协调，从而更好地解放和发展社会生产力，最终实现共同富裕。党的二十大明确指出，"高质量发展是全面建设社会主义现代化国家的首要任务。发展是党执政兴国的第一要务。没有坚实的物质技术基础，就不

---

① 刘伟. 共同富裕是中国式现代化的重要特征. 经济日报，2021 - 12 - 19.

可能全面建成社会主义现代化强国。必须完整、准确、全面贯彻新发展理念，坚持社会主义市场经济改革方向，坚持高水平对外开放，加快构建以国内大循环为主体、国内国际双循环相互促进的新发展格局"①。因此，经济发展是推进社会主义现代化建设最为核心的基础。要真正实现第二个百年奋斗目标，中国需要在未来 30 年中完成以下阶段性任务。

一、实现全体人民共同富裕

党的二十大报告明确了"我国社会主要矛盾是人民日益增长的美好生活需要和不平衡不充分的发展之间的矛盾"②，这一矛盾突出体现在中国经济的结构性问题上，如收入分配结构的失衡、总需求结构的失衡、产业结构的失衡、城乡与区域结构的失衡，等等。其中，收入分配结构的失衡是最关键的问题，也是造成其他结构性失衡的主要原因。比如，收入分配结构失衡会导致中等收入群体规模偏小、收入偏低，而中等收入群体是一个经济体中消费的核心力量，由此收入分配结构失衡会使得一个经济体的消费率（消费支出总额/GDP）偏低、

---

①② 习近平. 高举中国特色社会主义伟大旗帜 为全面建设社会主义现代化国家而团结奋斗——在中国共产党第二十次全国代表大会上的报告（2022 年 10 月 16 日）. 人民日报，2022 - 10 - 26.

对服务业的需求较弱，从而导致总需求结构与产业结构失衡。

在迈向社会主义现代化国家的新征程中，必须有效解决中国的收入结构失衡问题。如果说提高低收入群体的收入（"提低"）是实现第一个百年奋斗目标过程中的核心任务，那么扩大中等收入群体规模（"扩中"）将成为实现第二个百年奋斗目标过程中的核心任务。从国际经验来看，扩大中等收入群体规模对实现现代化也尤为重要。根据瑞士信贷银行数据统计，成功跨越"中等收入陷阱"而迈向现代化的韩国与日本，中产群体占比分别高达 45％和 60％。相比之下，巴西、俄罗斯等陷入"中等收入陷阱"而没有实现现代化的国家，其中产群体占比不超过 10％。[①] 2019 年，中国的中等收入群体人数已达 4 亿以上[②]，虽然规模相当大，但中等收入群体占比有待提高。李克强总理在十三届全国人大三次会议记者会上表示，中国依然"有 6 亿中低收入及以下人群，

---

① Credit Suisse. Global Wealth Databook 2015. Zurich：Credit Suisse AG，2015：124.

② 宁吉喆. 对冲克服新冠肺炎疫情影响 巩固发展经济长期向好趋势. 宏观经济管理，2020（5）：1-6.

他们平均每个月的收入也就 1 000 元左右"①。因此，在中国迈向社会主义现代化进程中，持续扩大中等收入群体规模是需要完成的重要任务，从而能够有效落实党的十九届五中全会提出的到 2035 年"全体人民共同富裕取得更为明显的实质性进展"②，以及党的十九大提出的到本世纪中叶"全体人民共同富裕基本实现"的目标③。

二、2035 年人均实际 GDP 翻一番

2020—2035 年是中国迈向第二个百年奋斗目标的第一阶段，党的十九届五中全会从经济建设、政治建设、文化建设、社会建设与生态文明建设等多个层面对该阶段提出了明确要求。在经济建设层面，与党的十九大报告相比，其重要变化是增加了"经济总量和城乡居民人均收入将再迈上新的大台阶"和"人均国内生产总值达到中等发达国家水平"两大新要求。从中国以往的"三步走"等发展战略来看，通常是以经济总量或城乡居民人均收入翻一番作

---

① 李克强总理出席记者会并回答中外记者提问. 中华人民共和国国务院公报，2020（16）.

② 中共中央关于制定国民经济和社会发展第十四个五年规划和二〇三五年远景目标的建议. 人民日报，2020 - 11 - 04.

③ 习近平. 决胜全面建成小康社会 夺取新时代中国特色社会主义伟大胜利——在中国共产党第十九次全国代表大会上的报告（2017 年 10 月 18 日）. 人民日报，2017 - 10 - 28.

为迈上新台阶的标志。习近平总书记在关于《建议》的说明中指出，"一些地方和部门建议，明确提出'十四五'经济增长速度目标，明确提出到2035年实现经济总量或人均收入翻一番目标。文件起草组经过认真研究和测算，认为从经济发展能力和条件看，我国经济有希望、有潜力保持长期平稳发展，到'十四五'末达到现行的高收入国家标准、到2035年实现经济总量或人均收入翻一番，是完全有可能的"，"编制规划《纲要》时可以在认真测算基础上提出相应的量化目标"①。人均实际GDP水平翻一番也与党的十九届五中全会提出的到2035年"人均国内生产总值达到中等发达国家水平"的要求相对应。党的十三大报告中的"三步走"战略第三步的目标，就明确提出到21世纪中叶人均国民生产总值达到中等发达国家水平。与党的十三大"三步走"战略相比，党的十九届五中全会将"人均国内生产总值达到中等发达国家水平"的实现时点提前到2035年，这既是基于对中国经济发展长期向好、制度优势显著的判断，也对未来中国经济增长提出了更高要求。

---

① 习近平. 关于《中共中央关于制定国民经济和社会发展第十四个五年规划和二〇三五年远景目标的建议》的说明. 人民日报，2020－11－04.

需要注意的是，中等发达国家水平不等价于发达国家人均 GDP 的平均值或中位数，对这一概念的理解需要与"基本实现社会主义现代化"相结合。中等发达国家水平指的是中等发达程度或中等现代化水平，是距离美日英等高度现代化国家还有一定距离的发达国家人均 GDP 水平。尽管当前对于中等发达国家的界定尚没有明确的标准，但能够测算出中等发达国家人均 GDP 水平的大致范围。首先，从数量上看，2019 年全球高收入国家共有 70 个左右，而发达经济体仅有 39 个，中位数可以列在第 35 位或第 20 位。其次，从人均 GDP 或人均收入水平来看，2019 年高收入国家的人均 GDP 门槛值为 1.24 万美元左右，而发达经济体的人均 GDP 水平最低为 2 万美元，平均水平高达 4.8 万美元。剔除卢森堡、新加坡等体量偏小的经济体后，发达经济体的人均 GDP 水平也在 4.1 万美元左右。根据国际货币基金组织（IMF）公开的信息，2019 年全球经济总量约为 86.6 万亿美元。其中，发达国家 GDP 总量为 51.74 万亿美元，占比约为 60%。全球人均 GDP 约为 1.146 万美元，而发达国家人均 GDP 高达 4.8 万美元，是发展中国家的 9 倍，也是全球人均水平的 4.5 倍。除美国外的发达国家人均 GDP 约为 4 万美元。联合国根据人文发展指数将各个经济体的发展程度划分为"很高""高""中等""低"四类，其中，发展程度处于"中等"和"低"的均是欠发达和发展中经济体，发展程度"很高"的均为公认已实现高度现代化的发达经济体，如美国、日本、英国等。由此，可以将发展程度处于"很高"和"高"之间的发达国家视为中等发达国家。①

据此测算，2019 年中等发达国家的人均 GDP 水平约为 2.5 万美元。按照这一标准，如果中国到 2035 年人均实际 GDP 水平翻一番，在通货膨胀率为 2%、汇率不变的基本假设下，中国人均 GDP 水平将达到 2.7 万美元左右。如果考虑到人民币汇率随着中国发展水平的提高而有所升值，届时中国人均 GDP 水平或将达到 3 万美元以上。由此可见，到 2035 年人均实际 GDP 水平翻一番，能够较好地实现党的十九届五中全会和二十大报告中提出的人均国内生产总值"达到中等发达国家水平"的目标。

---

① 对于发达经济体的界定采用国际货币基金组织的分类。

三、2050 年人均实际 GDP 翻两番

到 21 世纪中叶，中国要建成富强民主文明和谐美丽的社会主义现代化强国。但要客观地看到，由于中国人口多的特征，即使届时实现社会主义现代化，中国人均 GDP 距离美日英等当前公认的高度现代化国家还会存在一定的差距。因此，把到 2050 年人均 GDP 达到发达国家的平均水平作为中国经济增长的目标更加适宜。2019 年，剔除经济体量过小（以 GDP 规模在全球前 30 位为标准）的发达经济体，发达国家的人均 GDP 平均水平为 4.7 万美元。按此标准测算，在通货膨胀率为 2%、汇率不变的基本假设下，中国如果到 2050 年实现人均实际 GDP 翻两番，那么人均 GDP 水平将达到 7.5 万美元左右。若发达国家按照名义 GDP 增速 2% 测算，届时人均 GDP 平均水平将在 8 万美元左右。[①] 考虑到未来 30 年中国高质量发展会推动汇率升值等因素，人均实际 GDP 翻两番将能够实现达到发达国家平均水平的目标。届时中国的经济体量将大幅超过美国等其他发达经济体，中国将建成社会主义现代化强国。

----

① 2020 年发达经济体的增速采用国际货币基金组织在 2020 年 10 月份的预测数值。

四、跨越"中等收入陷阱"

自从 2010 年步入中高收入经济体行列以来，中国何时能跨越"中等收入陷阱"一直是各界高度关注的问题。2019 年，中国的人均国民总收入首次迈上 1 万美元台阶；2020 年人均国民总收入水平继续稳步上升，距离世界银行划定的高收入国家标准只有不到 20％的差距。根据刘哲希和陈彦斌的预测，中国人均国民总收入有望在 2023 年前后达到高收入国家标准。① 不过，对于跨越"中等收入陷阱"的判断不能简单以一国人均国民收入达到或超越高收入国家门槛值为标准。这是因为，近年来高收入国家的标准在不断放宽，高收入国家人均国民收入平均值与高收入国家的门槛值之比已经从 1988 年的2.8 上升至 2018 年的 3.7，由此容易掩盖一个国家与高收入国家的"真实差距"，从而低估"中等收入陷阱"带来的挑战。

"中等收入陷阱"对一个经济体的核心启示在于，在经济发展水平不断提升的过程中能否真正实现经济增长动力的转换与经济发展方式的转型。从国际经验来看，

---

① 刘哲希，陈彦斌."十四五"时期中国经济潜在增速测算——兼论跨越"中等收入陷阱".改革，2020（10）：33-49.

当一个经济体从低收入迈向中等收入或中高收入的发展阶段时，经济增长动力主要来源于资本与劳动等要素投入。由于资本与劳动存在边际回报递减的特征，当经济发展到一定阶段时不可避免地会出现经济增速放缓的问题。此时，一个经济体要想进一步保持可持续发展，从而跻身高收入经济体行列，就需要显著提高技术进步、人力资本与资源配置效率对经济增长的贡献度。[1] 如果难以实现这一经济增长方式的转型，即使人均国民总收入能够达到高收入经济体的标准，未来也可能重新跌至高收入经济体标准以下或者只是在标准上下徘徊，难以真正跨越"中等收入陷阱"，俄罗斯、巴西与阿根廷都是典型案例。改革开放以来，中国的经济增长也主要是依靠资本和劳动驱动，两者对经济增长的贡献率高达80％以上。[2]"十三五"时期，在人口老龄化的影响下劳动对经济增长的贡献率显著下降，但经济增长对资本的依赖度依然较高。因此，中国需要正视在"十四五"时期末真正跨越"中等收入陷阱"任务的重要性，切实推动经

---

① 张平. 中等收入陷阱的经验特征、理论解释和政策选择. 国际经济评论，2015（6）：49-54，5-6.

② 刘伟，陈彦斌. 2020—2035 年中国经济增长与基本实现社会主义现代化. 中国人民大学学报，2020，34（4）：54-68.

济增长动力有效转换。

跻身高收入国家行列，需要在 2035 年进入世界创新型国家前列。世界知识产权组织发布的《2019 年全球创新指数报告》显示，创新能力指数排在前 10 位的国家，2019 年人均 GDP 的平均水平高达约 5.4 万美元，是中国的 5 倍之多。另据《2021 年全球创新指数报告》，瑞士连续第 11 年位居榜首，瑞典、美国、英国、韩国分别位列第 2～5 位；中国为第 12 位，位居中等收入经济体首位，超过日本、以色列、加拿大等发达经济体。如果将创新型国家前列界定为创新指数前 10 位的国家，就意味着中国在研发强度上要达到前 10 名水平，研发强度就必须从 2020 年的 2.2％上升至 2035 年的 3.34％。按照 2020 年不变价计算，到 2035 年中国研发总规模将达 7.003 万亿元，这就要求未来 15 年的研发支出每年增速达 8.03％左右。过去 15 年我国研发支出的平均增速为 17.7％，因此这个速度要求并不高。

如果以美国的研发总量和强度作为参照系，2035 年我国研发支出规模将是 2019 年美国研发投入的 1.83 倍，而同期我国 GDP 总量将达 206 万亿元，是 2020 年美国经济总量的 1.02 倍（如果美国经济增速按 2.5％

计算，那么到 2035 年其经济总量将达到 30 万亿美元，按照人民币 2020 年不变价格即为 203.5 万亿元）。因此，如果按照美国的研发强度，中国经济总量所需的研发强度达 2.8％左右即可，但这个强度所需的人均 GDP 增速为 4.3％。如果按照这一增速进行倒算，到 2025 年我国的人均 GDP 水平将达到创新型国家前 10 名的 40％左右。

此外，从研发支出结构来看，我国在试验发展方面的支出规模已超过美国，但应用研究和基础研究的支出规模仅为美国同期的约 45％和 25％。其中，中国基础研究在全部研发支出中占比为 5％，美国为近 17％；中国应用研究在全部研发支出中占比为 10.8％，美国为近 19.6％。可见，在我国加快推进创新型国家建设中，加大基础研究规模和投入力度，优化研发支出结构，是急需解决的重大问题。

五、以新发展格局释放新发展红利

当前，我国正处于世界百年未有之大变局的加速调整期和世界经济动荡调整的关键期。根据上述测算，我国关于 2035 年基本完成经济现代化的目标设定，还是具有较强合理性的，但这一合理性必须立足于把握新发展阶段、贯彻新发展理念，构建以国内大循环为主体、国内国际双循环相互促进的新发展格局，通过一系列实质性改革，积蓄新的增长动能，加快经济发展由要素驱动全面向创新驱动转变，以此推进战略调整、重构与深化。我国接下来的工作重点：一是要推进技术创新，启动关键核心技术攻坚战，实现新的技术红利；二是要推动改革，把改革贯穿到今后一段时间和经济社会发展的方方面面之中，实现第二轮制度红利；三是要构建人才强国、教育强国，推动人口红利转化为人力资源红利；四是要在世界百年未有之大变局的背景下，积极构建合作平台，塑造新的竞争力，突破价值链和分工链重构的瓶颈，依托构建开放型经济新体制，实现新一轮全球化红利。

第三节　跨越中等收入陷阱面临的挑战

改革开放以来中国经济取得了举世瞩目的伟大成就，但不容忽视的是，近年来国内外经济环境更趋复杂，给中国经济带来了显著的下行压力与严峻挑战。正如 2020年政府工作报告所指出的，"当前和今后一个时期，我国发展面临风险挑战前所未有"①。针对实现社会主义现代化强国经济发展的核心任务，在未来迈向第二个百年奋斗目标的过程中，特别是在起步阶段的"十四五"时期，想要成功跨越"中等收入陷阱"，我国还面临着三个方面的严峻挑战。

一、经济增长动力将有所减弱

要实现第二个百年奋斗目标，中国需要到 2035 年人均 GDP 达到中等发达经济体水平，到 21 世纪中叶人均 GDP 达到发达经济体的平均水平，这意味着 2020—2035 年中国人均实际 GDP 要翻一番，2035—2050 年中国人均实际 GDP 要再翻一番。由此测算可知，未来 30 年的年均实际 GDP 增速要达到 4.6% 左右。然而，2008 年全球金融危机爆发后，中国增速在经历了反弹后开始呈现持续下滑的态势。2019 年，中国 GDP 增速降至 6.0%。2020 年，受新冠疫情影响，中国 GDP 增速进一步降至 2.3%。

中国经济之所以在经历了长达 30 余年 10% 左右的高增长之后增速开始出现持续下滑，主要原因在于支撑

---

① 李克强. 政府工作报告——2020 年 5 月 22 日在第十三届全国人民代表大会第三次会议上. 人民日报，2020 - 05 - 30.

经济高增长的动力显著减弱。从经济增长核算框架来看，支撑经济增长的要素主要分为资本、劳动、人力资本与全要素生产率（简称 TFP，主要衡量技术进步与资源配置效率）。改革开放以来，受益于人口、体制改革、全球化以及技术进步等红利的集中释放，四大生产要素均显著改善，推动中国经济快速增长。不过，最主要的贡献还是来源于资本和劳动。根据增长核算的测算结果，1979—2009 年间，资本和劳动对中国经济增长的贡献率合计占到 85%，是推动经济增长的核心动力。

近年来，资本和劳动两大支撑经济增长的"老动力"开始减弱。就资本而言，一方面，全球金融危机爆发后主要经济体均陷入长期的低增长状态之中，导致中国的外部需求减少，"出口—投资"联动机制对投资的带动作用减弱，从而导致资本积累增速放缓。另一方面，受产能过剩、地方政府与企业债务问题以及民间投资积极性减弱等因素影响，国内投资需求较为疲软，拖累资本积累增速。就劳动而言，在人口老龄化进程不断深化的影响下，中国 16～59 岁的劳动年龄人口规模自 2012 年开始缩减，从而导致劳动供给增速下降。在支撑中国经济增长"老动力"减弱的同时，"新动力"还有所不足，在此情况下，近年来中国对"老动力"的依赖程度反而有所提高。增长核算结果表明，2010—2019 年资本对中国经济增长的贡献率提升至 90％以上，相比之下，"新动力"对经济增长的贡献率没有显著提升，尤其是 TFP 的贡献率反而由正转负。究其原因，近年来中国经济过度依赖于投资的扩张与资本积累的增长，导致大量信贷资金配置于低回报的领域，加剧了资源错配，从而抑制了 TFP 的增长，也阻碍了经济增长动力的转换。

展望未来，在"老动力"继续减弱而"新动力"尚有所不足的情况下，如果其他条件不变，预计 2020—2050 年中国年均 GDP 增速将下降至 3.5％以下，从而难以完成人均实际 GDP 翻两番的任务。就"老动力"而言，根据经济增长理论，伴随着一个经济体的经济体量与发展水平的不断提升，其资本存量会逐步接近稳态水平，这就会导致资本积累速度不断放缓。再加上中国存在产能过剩、高债务与民间投资积极性不足等问题，资本积累速度下滑幅度会加剧。同时，中国人口老龄化的步伐在不断加快，中国即将步入深度老龄化社会。根据联合国的预测，2050 年中国 15～64 岁劳动适龄人口规模将比 2020 年减少约 20％，老龄化从长期看对中国经济增长的抑制作用将十分显著。就"新动力"而言，人力资本方面，中国经济的人力资本质量显著落后于发达国家，而且提升速度逐渐放缓，已成为制约中国经济可持续发展的重要因素。[①] TFP 方面，随着中国逐步接近世界发展前沿，技术追赶效应对 TFP 增速的提升作用将显著减弱；产业、总需求与收入分配等方面的结构性问题尚未得到妥善解决，也将从资源配置效率层面影响 TFP 增长。未来 TFP 增长需要更多依赖于自主创新能力的提升以及数字经济等新经济对经济增长的带动作用。综上可知，未来中国经济增长或将在较长时期内处于"老动力"减弱而"新动力"有所不足的动力转换期，潜在增速将呈现趋势性下降，难以保证 2020—2050 年完成人均实际 GDP 翻两番的任务，这也是中国面临的严峻挑战。

二、经济结构深层次问题加剧

党的十九大报告做出了"我国经济已由高速增长阶段转向高质量发展阶段"的重要论断。[②] 高质量发展的核心是要追求经济增长与结构的协调，从而推动经济发

---

① 刘伟，张立元. 经济发展潜能与人力资本质量. 管理世界，2020，36（1）：8-24，230.

② 习近平. 决胜全面建成小康社会 夺取新时代中国特色社会主义伟大胜利——在中国共产党第十九次全国代表大会上的报告（2017 年 10 月 18 日）. 人民日报，2017-10-28.

展质量的提升。不过，当前中国经济存在一系列的深层次结构性问题，诸如实体产业内部供需结构失衡、实体经济与金融部门及虚拟经济之间的结构性失衡、房地产发展与国民经济各部门发展的结构性失衡等，都严重困扰着中国经济发展。更为突出的问题在于，经济发展尚未摆脱对房地产与债务的依赖，从而导致增长速度与质量之间的矛盾难以破解，增强了经济发展的风险与不确定性，使得中国经济长期陷入"稳增长"和"防风险"的两难之中。

就对房地产的依赖而言，自20世纪90年代末中国推进住房市场化改革以来，房地产就成为带动与支撑中国经济增长的重要产业，其不仅能够直接推动GDP的增长，而且能够通过带动钢铁、水泥、家电等相关产业的发展间接推动GDP的增长。回顾过去20多年中国经济运行与房地产调控历程可以看到，每当经济下行压力较大时，政府就会依托房地产来稳增长。① 虽然房地产能够在短期内带来GDP的增长，但是经济过度依赖于房地产会造成较为

---

① 比如，1998年亚洲金融危机爆发后，国务院发布了《关于进一步深化城镇住房制度改革加快住房建设的通知》（国发〔1998〕23号），强调要"进一步深化城镇住房制度改革"，并且"加快住房建设，促使住宅业成为新的经济增长点"。2008年全球金融危机爆发后，国家出台了《关于促进房地产市场健康发展的若干意见》（国办发〔2008〕131号），提出了"鼓励普通商品住房消费""支持房地产开发企业合理的融资需求"等一系列促进房地产市场健康发展的措施，旨在"进一步扩大内需、促进经济平稳较快增长"。

严重的后果。一方面，会推高房价，催生房价泡沫化风险。国际经验表明，一旦房价泡沫破裂，很容易引发系统性金融风险，对经济造成巨大冲击。另一方面，会挤出生产性资本并且抑制创新，从而不利于经济长期增长与增长质量的提升。因此，从经济增长质量的角度出发，需要抑制房地产市场的过度发展。但是，这就会以牺牲短期内的经济增速为代价，甚至带来经济增速的大幅下滑。①　可见，由于经济增长对房地产存在依赖，中国经济很容易陷入增长速度与增长质量之间的矛盾之中。

就对债务的依赖而言，目前各界重点关注的是高债务对经济增长的负面影响，但普遍忽略了中国的高债务问题恰恰是经济增长对债务的依赖所致。2008 年全球金融危机爆发后，中国成为杠杆率（债务总额/GDP）上升幅度最大的主要经济体之一。②　从结构上看，杠杆率的上升主要是由地方政府、国有企业部门和居民部门的杠杆率升高所致，中央政府和民营企业部门的杠杆率上升幅度并不大。之所以如此，主要是因为 2008 年全球金融

---

① 许宪春，贾海，李皎，李俊波 . 房地产经济对中国国民经济增长的作用研究. 中国社会科学，2015（1）：84-101，204.

② 根据国际清算银行（BIS）的数据，截至 2020 年上半年，中国的杠杆率已经高达 280.3%，比 2008 年年末上升了 141.3%。

危机爆发后，为应对内部和外部需求的显著萎缩，地方政府和国企部门承担了"扩内需"和"稳增长"的任务。特别是地方政府，在财政收入有限的情况下，主要借助地方融资平台进行债务融资，从而导致债务规模的快速扩张。[①] 居民部门杠杆率的快速上升主要源于房价上涨背景下贷款购房行为的增加，这反过来也推动了房地产市场的发展，从而拉动了短期经济增长。因此，债务扩张对于短期内中国经济增速起到了显著的支撑作用。但与房地产类似，长期内债务的过快增长将导致负债主体的偿债压力过重，不利于长期经济增长，甚至还可能触发大规模债务违约，引发经济与金融危机。

因此，房地产与债务均是当前中国经济增长的重要支撑。但正是由于对房地产与债务的依赖，也导致中国经济陷入增长速度与增长质量之间的矛盾之中。如果更注重增长质量，那么在短期内经济增长速度势必要遭受较大冲击；如果更注重增长速度，那么对房地产和债务的依赖不仅会导致经济增长的内在动力不足，还会提高系统性金融风险的爆发概率，不利于中国经

---

① 毛捷，刘潘，吕冰洋. 地方公共债务增长的制度基础——兼顾财政和金融的视角. 中国社会科学，2019（9）：45-67，205.

济向高质量发展阶段迈进。因此，在迈向社会主义现代化的过程中，必须要从根本上破除对房地产与债务的依赖，否则将增大经济发展风险，从而使中国经济面临较为严峻的挑战。

三、贫富差距问题依然严峻

基本实现全体人民共同富裕，是建设社会主义现代化强国的核心任务与目标。然而，由于存在初次分配失衡和再分配逆向调节作用不足等一系列体制机制上的问题，中国的贫富差距问题一直难以得到妥善解决，居民可支配收入的基尼系数长期位于 0.4 以上，财产基尼系数更在 0.7 以上。[①] 贫富差距直接表现为中等收入群体占比偏低。根据国家统计局的数据测算，2019 年中国的中等收入群体规模占总人口的比重在 1/3 左右，社会结构更趋向于"金字塔型"的失衡结构。[②] 而且值得注意的是，近年来中国的收入差距问题呈现新变化，即中等收入群体的收入增速出现了较快下滑的风险。改革开放以来，

---

① Credit Suisse. Global Wealth Databook 2015. Zurich：Credit Suisse AG，2015：149，152.

② "橄榄型"结构是社会结构的理想形态，即社会拥有庞大的中产阶层，在两端的极富有和极贫穷的群体规模相对较小。"金字塔型"结构是指少数的富人群体占据了大部分的社会财富，中产阶层人数较少且占社会财富总量的份额较小，低收入群体占社会总人口的大多数但只占社会财富总量的少部分。

特别是 21 世纪以来，收入差距扩大主要是由高收入群体收入增速过快所致。在此期间，中低收入群体收入增长也较快，只不过增速低于高收入群体，从而导致收入差距逐步拉大。不过，从 2015 年开始，居民收入情况发生了明显变化，大多数居民的收入增速出现了不同程度的下滑，其中，中等收入群体收入增速的下滑速度更快。2015 年以来，高收入群体（收入排在前 20％）的收入增速基本保持稳中有升的态势，低收入群体的收入增速虽有波动但也保持了较快的增长态势。中等收入群体（排在中间 20％）的人均可支配收入增速显著下滑，2018 年已经下降至 3.1％的低位。2019 年，中等收入群体人均可支配收入增速回升至 8％，但依然低于低收入群体（14.6％）和高收入群体（8.2％）的人均可支配收入增速，也低于全国居民人均可支配收入增速水平（8.9％）。

未来要想扩大中等收入群体规模，中国还将面临一些新的阻碍，主要有以下几点：一是经济增速下滑将对中等收入群体产生更为显著的影响。众所周知，中低收入群体以工资性收入为主，而高收入群体拥有更多的财产性收入。工资增长速度与经济增速密切相关，但对于财产性收入而言，经济增速下行阶段由于资金"脱实向虚"倾向加剧，反而会推动部分房产与金融资产升值。因此，在经济增长速度下滑的背景下，受到影响最大的将会是中低收入群体，这会逐渐拉开中低收入群体与高收入群体的差距，不利于中等收入群体规模的扩大。二是中低收入群体背负的债务压力持续攀升。近年来，中国居民部门杠杆率攀升速度较快，截至 2020 年上半年，居民部门杠杆率已达到 59.1%，与 2010 年年末相比，近十年间杠杆率攀升了 31.8 个百分点，债务规模增长了 4 倍。[①] 从居民债务的分布来看，债务负担最重的是中低收入群体[②]，由此会使得偿债支出占据中低收入群体可支配收入的比重较大，从而不利于中等收入群体规模的扩大。三是在人口老龄化不断加剧的背景下，未来养老与医疗等方面的支出负担将持续加重，从而相对降低中等收入群体的实际获得感与幸福感。

总之，要扩大中等收入群体规模，既要破除长期以来导致贫富差距的体制机制问题，又要妥善应对新问题，这是中国迈向社会主义现代化过程中所面临的重要挑战。

---

① 居民部门杠杆率数据来源于国际清算银行（BIS）。

② International Monetary Fund. Global Financial Stability Report：Is Growth at Risk?. Washington，D. C.：International Monetary Fund，2017：73.

第四节　世界百年未有之大变局
全面步入加速期

站在历史的视角上，人类世界已经进入一个大时代，这是一个逆全球化、地缘政治局势不确定性增强的时代，疫情冲击后的世界关系正在发生深刻变化。而应对世界百年未有之大变局，世界经济和国际关系需要直面以下问题。

一、疫情加剧了各种传统问题的恶化

新冠疫情带来的经济停滞和随之而来的全球性通货膨胀对世界各国提出了强烈的挑战。当前世界通货膨胀形势已经超越了以往所有宏观预测模型和方法的预测。中国人民大学中国宏观经济论坛（CMF）报告[①]指出，本次全球通货膨胀，特别是欧美等发达经济体的通货膨胀具有超预期性，超越了前期美联储和欧洲中央银行、英格兰银行所有的宏观模型所做的价格预测。传统经济理论模型所断言的经济增速、失业率与通货膨胀率之间

---

① 供需双冲击下的全球结构性通货膨胀. CMF 中国宏观经济分析与预测报告（2022 年第一季度）（总第 60 期），2022 - 03.

的关系出现了明显偏差。即便在短期，失业率和通货膨胀率之间的相互关系也偏离了奥肯定律和菲利普斯曲线。这暗藏了一个很重要的推论：新冠疫情冲击带来了强烈的结构性冲击和预期性大调整。因此，经济学家基于传统经济理论进行的预测出现偏误意味着我们需要对传统经济理论进行思考。

基于这样的预测偏误，对于当前通货膨胀的形势和根源，学界尚未达成共识。欧洲中央银行行长拉加德依然强调通货膨胀冲击具有暂时性，但美联储主席鲍威尔已开始改变态度。更为重要的是，在美国经济学家克鲁格曼与斯蒂格利茨之间，以及欧洲学者和一些发展中国家学者之间存在争论。这种争论具体体现在：当前通货膨胀带来的冲击是不是短期的？导致通货膨胀的核心原因是新冠疫情还是过量的刺激政策？新冠疫情的影响消除之后，通货膨胀的基本模式是否会回归过去的常态？此外，争论还体现在当前冲击会不会由结构性冲击转化成非结构性冲击，特别是在预期上产生重大影响。

二、世界经济长期停滞进一步持续

自1991年开始的全球化主要是由跨国公司全球组织价值链和资金全球流动追寻高收益两大逻辑构成。但是，其背后的基础是国际组织的多边协议。在这些多边协议下，各国需要让渡一部分国内政治权利，这限制了国内调整经济的空间。例如，国际货币基金组织和世界银行可以提供援助，但是要接受结构调整政策。现有国际治理体系不能解决全球化的收益分配问题，导致了各国内部团体对全球化进程不满，针对全球化的国内政治议题不断涌现。在这种国内政治议题日益主导的逆全球化趋势下，未来的全球化"黑天鹅"事件会越来越多，全球化的过程会不断充满震荡，不确定性加大，各种关税、非关税壁垒会此起彼伏。

在这些壁垒中最值得关注的是，全球虽然不会走向全面"经贸脱钩"，但未来会出现大量以国家安全为名义的"科技脱钩"威胁。这种"科技脱钩"导致全球价值链面临重大重构风险，各国都需要准备"备胎"。这样的不确定性将会长期影响国际投资，降低现有国际价值链的效率。因此，我们需要看到：

首先，目前逆全球化不仅没有放缓，反而在加速，必须对逆全球化的加速有一个深度的认识。新冠疫情完全消失之后，逆全球化并不能像很多人想象的那样有所放缓，反而可能滑向深渊。其原因在于全球停滞还将持续，全球化红利会持续减少，目前的分配模式所带来的摩擦可能反而会加剧。新冠疫情将很多的社会情绪、矛盾全面释放出来，使民粹主义、保护主义、民族主义、孤立主义抬头，导致国际摩擦、地缘政治博弈等不确定性表现进一步上扬。在这种情况下，要消除新冠疫情所带来的一些国与国之间传统体系的隔阂，实际上是很困难的。

其次，人类还没有找到处理和治理逆全球化的良方。过去的 100 多年，人类已经历四次逆全球化，其解决的方式都不是软着陆，而是产生了激烈碰撞。现在各国提供的方案能不能满足各利益方的诉求，值得进行更深层次的思考。

最后，针对新冠疫情之后的全球化治理已经有很多药方，但这些药方很多不仅没有解决问题，反而成为问题本身。比如，近年大国之间的冲突、贸易战、技术战、人才战，表面上像是在解决问题，实则是饮鸩止渴，反而成为滑向深渊的催化剂。

三、新一轮大国冲突的新周期已经全面开启

第一，即使摆脱新冠疫情的冲击，实现疫情常态化、病毒与人类共存，就像"9·11"恐怖袭击事件直接导致

全球安保成本急剧上升一样，后新冠疫情时代也一定会带来防护成本和健康成本的增加。虽然从核算角度看，相关成本有些将推动 GDP 上涨，但应当认识到，如果没有新冠疫情，人类无须支付这些成本，无须投入大量的物资和人力从事相关领域的生产和服务。因此，这就是额外的成本。

第二，逆全球化带来的影响。逆全球化不是新冠疫情导致的，而是世界政治经济格局发生变化的产物。中美贸易摩擦背景下，多国对于传统分工体系，也就是过去 30 年以垂直分工为主体的供应链、价值链的构建进行了全面反思，各国更加注重安全而非单纯的效率。基于此，各主要经济体都在构建自身内部大循环，为关键技术、核心技术制定"备胎"计划。将来，我们大概率会看到全球分工的重构，全球供应链会变短变宽，各种"备胎"计划会源源不断推出。这些举措一定会导致全球资源配置效率的下降和成本的上升。因此，即使新冠疫情的影响消除，逆全球化的现象也不会停止，反而可能在大国博弈中加速。这一趋势会导致各国生产成本增加。

第三，《巴黎协定》之后，各国纷纷签订碳达峰、碳中和的目标协议，使全球进入了绿色转型的新时代。绿色转型很重要的一个方面是对各种乱排放、大量排放的行业通过成本显化开展技术替代，以减少对全球气候的干扰。因此，绿色转型首先是一个成本概念，其后才是技术创新概念，最后才是绿色转型之后的收益效用分配的概念。近年来，在全球碳达峰、碳中和基本目标实现的过程中，绿色成本大幅上涨，各国会把相关指标作为重要政绩，有些国家绿色金融规模的增长速度达到两位数。但是，这也表明世界经济的成本在增加。

第四，地缘政治局势不确定性增强。过去几十年间，在战争逐步减少时，大国之间的博弈、区域之间的冲突已经常态化，因此，地缘政治带来了防务成本的增长。虽然防务成本增长有可能在短期内提振 GDP，但是大量的防务成本特别是战争消耗的成本一定是人类的负担而不是进步的动力。因此，地缘政治环境恶化导致全球防务开支的急剧上涨，大量的人力、物力投入战争和政治冲突，而没有用于生产性活动，相关成本是难以估量的。

第五，世界各国进入高债务时期。应对高债务必须要有解决方案。如果按照现有的产权格局承认债务的必须偿还性，则人类历史上解决债务问题有两种很重要的方法：一是大危机，通过破产来解决债务关系问题；二是大通货膨胀，国家通过大规模印发钞票，征收通货膨胀税来解决政府债务问题。

综合上述五方面因素，加上全球老龄化导致的劳动力短缺，大致可以得出一个结论：未来一段时期，在各种不确定性相互叠加的情况下，人类社会或将在大变局中步入新阶段。虽然改革开放以来，全球化红利的释放以及对世界先进技术的学习、消化、再吸收，对中国经济增长起到了重要的推动作用，但是在 2008 年全球金融危机爆发后，全球经济尤其是发达经济体的经济并未实现 V 形反弹，反而陷入了较为长期的低迷状态，由此导致中国外部需求显著萎缩，出口增速下滑，全球化红利消退。并且，以中美贸易摩擦和英国脱欧为标志性事件，贸易保护主义与逆全球化趋势开始出现并呈现加剧态势，全球贸易环境有所恶化，全球贸易规则进入重构阶段。各主要经济体之间的贸易摩擦或呈现进一步加剧的势头，外部环境更趋于复杂严峻，从而会给中国经济发展带来不小的挑战。

不仅如此，2021 年中国的 GDP 规模已经超过美国 GDP 规模的 3/4（见图 1-1）。未来在社会主义现代化国家建设顺利推进的情况下，伴随着中国经济发展水平的

不断提高，中国经济体量将不断增大，中国的 GDP 规模
大概率将超越美国，中国也将成为全球第一大经济体。
在超越过程中，伴随着西方政坛部分政客新冷战思维的
回潮，美国必然会对中国超越的态势做出反应，甚至挑
起争端以阻碍中国的发展，从而使两国陷入"修昔底德
陷阱"之中，中国或将面临改革开放以来从未遇到过的
复杂外部环境。如何在百年未有之大变局中增强中国经
济的韧性与发展潜力，避免陷入"修昔底德陷阱"和触
发"新冷战"风险，事关社会主义现代化建设成功与否，
是亟待解决的重要问题。

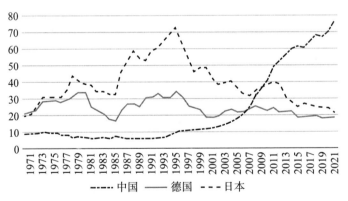

图 1-1　中德日三国 GDP 占美国 GDP 的比重（%）

资料来源：世界银行网站.

第二章

构建新发展格局的
基本脉络

　　构建新发展格局具有深刻的历史基础、坚实的实践基础、科学的理论政策基础和可实施的现实基础。在改革开放初期，我国拥有要素低成本优势，但是国内市场发育不足、行政分割和资源配置效率低下，人均收入水平低、消费能力差。我国实行的是以资源和市场"两头在外，大进大出"的发展模式参与国际大循环。1997年亚洲金融危机之后，国际外需下行，国内产业结构失衡，生态环境约束增强。此时，党和国家强调扩大内需，兼顾国外市场建设的国内国际循环协调发展。2008年全球金融危机爆发后，面对全球经济持续停滞、国际贸易和投资不断萎缩，党和国家要求调整经济结构，培育国内市场。2020年新冠疫情暴发后，中美贸易摩擦等全球经济陷入深度衰退，经济全球化遭遇逆流，中国经济面临的外部环境不确定性进一步加剧。但是，中国的基本盘总体稳定，在全球制造业中的优势地位进一步巩固，我国参与国际大循环的比较优势已经从低成本要素转变为超大规模化经济。此时正是加快构建以国内大循环为主体、国内国际双循环相互促进的新发展格局的历史转折点和战略机遇期。

第一节　构建新发展格局的历史基础

十九届五中全会通过的《中共中央关于制定国民经济和社会发展第十四个五年规划和二〇三五年远景目标的建议》提出，加快构建以国内大循环为主体、国内国际双循环相互促进的新发展格局。新发展格局具有深刻的历史基础，是符合大国崛起一般历史规律的必然选择，也是我国延续改革开放以来所取得成就的必由之路。

一、大国崛起过程的一般历史规律

以国内循环为主体，国内外双循环相互促进，是大国崛起的必由之路。综观大国崛起的过程和经验，单纯依靠外部循环难以支撑大国的可持续发展。中国作为世界第二大经济体和正在崛起的世界大国，形成双循环的可持续发展格局是借鉴其他成熟大经济体的发展模式的经验总结，是充分发挥中国国内市场优势的战略选择。

人类历史经验告诉我们，大国经济在全面崛起、创新布局和主导未来世界格局之际，没有强大的内部经济循环体系和基本盘，难以形成不断改进的竞争力和驾驭全球资源配置的能力。历史上的大国经济，特别是强国经济都是以内循环为主体，贸易依存度均不高。美国自 1960 年进口和出口占 GDP 比重的均值大致为 8.6％和 6.4％（见图 2-1）。OECD（经济合作与发展组织）国家整体而言进出口占 GDP 比重略高于美国，维持在 20％左右（见图 2-2），低于中国的外贸依存度。"双循环"新发展格局是遵循现代大国经济崛起的一般规律的产物。包括英国、美国、德国、日本在内的大国经济史都表明，在市场经济体系下任何大国成长都必须经历由弱到强、由"以外促内"转向"以内促外"的必然调整，大国崛起最为关键的标志就是构建出安全、可控、富有弹性和韧性、以内为主、控制世界经济关键环节的经济体系。大国崛起的历史经验表明，实现经济现代化最重要的条件是在开放的同时保持自主性，采取正确的应对策略。通过财政现代化和发展制造业构建坚强的国内经济循环，在制造业取得优势后，贸易政策应从"以外促内"转向"以内促外"，协调"双循环"。① 近几年凸显的"卡脖子"关键技术问题已经充分说明，要走创新驱动道路的大国无法在简单的比较优势分工格局之中解决其技术创新问题。正如习近平总书

---

① 汤铎铎. 大国经济崛起与双循环：国际经验. 学习与探索，2022（2）.

记所告诫的，"实践反复告诉我们，关键核心技术是要不来、买不来、讨不来的。只有把关键核心技术掌握在自己手中，才能从根本上保障国家经济安全、国防安全和其他安全"①。要构建安全、可控、富有弹性韧性的经济体系就必须以内为主，必须在动荡复杂的世界体系中建立稳固的基本盘。我国从出口导向的发展模式转向强调内需拉动、创新驱动的发展模式，符合大国经济发展的历史规律。

图 2 - 1　美国进出口额占其 GDP 比重

资料来源：OECD 数据库.

新发展格局的构建来源于对世界历史货币强国崛起

①　习近平. 在中国科学院第十九次院士大会、中国工程院第十四次院士大会上的讲话（2018 年 5 月 28 日）. 新华社，2018 - 05 - 28.

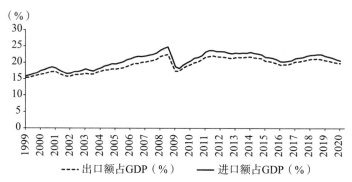

图 2-2　经济合作与发展组织成员国进出口额占其 GDP 比重
资料来源：OECD 数据库.

的经验总结。回顾英国、美国、日本和欧洲大陆货币国
际化的历史经验，英镑模式的核心是"殖民体系＋经济
实力扩张"，英镑区较早便形成网络格局；美元模式是军
事、政治、经济实力叠加，但美国成为货币大国比成为
经济大国晚了约 50 年，这表明经济大国不等于货币大
国；欧元模式是经济一体化的产物，即从自由贸易区向
货币一体化过渡；日元模式的核心是"依附性经济的发
展＋区域经济扩散＋资本项目开放"，日本制造业崛起和
贸易输出是日元国际化的重要推手，但进入资本输出时
代后，次区域经济中心的货币国际化是一项十分复杂的
工程。上述历史经验表明：第一，强国经济、大国货币
并非与发达的外向型经济对等，贸易开放度越高和贸易

顺差越大，并不代表货币国际化越强劲。第二，货币锚定效应基本与经济实力相当，而非取决于简单的贸易依存度。实证结果表明，各国际货币的锚定效应随着锚定经济体经济规模的提升而增加，随着贸易成本的增加而减小，且具有显著的自相关性。

货币国际化阶段性模式的一般路径是先通过大规模出口贸易实现早期的货币国际化，再通过大规模对外投资实现货币国际化；而高层次路径是通过国际秩序安排获得本币国际化的政治优势，构建大型内需导向型的经济结构以提供长久的货币国际需求，通过先进科学技术和高附加值产品创造货币国际需求，政策上优先保证内循环稳定，全球军事布局、资本布局以及规则等公共品的提供为控制货币国际化的风险奠定基础。综上所述，内循环是货币国际化的先决条件，外循环则是货币国际化的实现手段。"国内大循环"决定国内消费市场、投资市场的规模和结构，从根本上创造人民币需求；"国际大循环"实现国际范围内的包容性发展和风险分散，有助于增强我国发展的高效性和稳健性，增加人民币的国际使用场景和黏性。因此，人民币国际化战略调整既非简单的由经常项下转变为资本项下，亦非实现资本项下的全面开放，而是通过扩大内部市场和提升关键技术定价权，带动外国对人民币产生持续和强劲的需求。[①]

新发展格局的构建来源于对跨越"中等收入陷阱"国家成功与失败的经验总结。2019 年世界银行所设定的高收入国家的门槛是人均 GDP 达到 1.237 5 万美元。一些拉美国家等新兴国家，在过去几十年内，都是在这个门槛值附近徘徊，其中一个重要原因就是经济增长的方式没有改变，集约型经济发展方式始终没有形成，创新对经济增长的驱动作用较弱，粗放式的发展方式制约了人均收入的进一步提高。目前，全球技术发展实际上处于旧周期和新周期的交接期或孕育期。在 2008 年全球金融危机爆发以后，整个世界经济陷入一种长期停滞的状态，预示着上一轮技术革命的调整期已经开始，下一轮技术革命的孕育期刚刚萌芽，当前的革命性变化不会马上出现。对世界上几个主要国家的全要素生产率（TFP）的增长速度进行测算发现，20 世纪 50—60 年代达到峰值之后，各国的 TFP 增速一直处于下降通道，到了 90

---

① 刘元春. 新发展格局下的人民币国际化新思路. 经济 50 人论坛，2021 - 08 - 05.

年代才有所缓和。美国的 TFP 增速从 1985 年开始出现反弹，但是欧元区的 TFP 增速仍直线下降。此外，高技术对于 TFP 值的贡献快速下降。世界整体的 TFP 值在进入 21 世纪之后出现快速下降，而高技术对于 TFP 值的贡献在 2003 年之后出现更大的下降。中国在 20 世纪 90 年代和 21 世纪初到 2008 年之前，TFP 长期正增长。自 2008 年全球金融危机之后，中国的 TFP 开始变为负增长状态。直到 2022 年，中国新动能仍旧不能取代旧动能来全面推动中国经济迈向高质量发展阶段，也不能支撑中国稳定地跨过"中等收入陷阱"。[①] 构建新发展格局是提升我国高质量发展所需要的发展模式、发展格局和发展制度的必然要求。构建"以内促外"的新竞争力，提高创新能力，提升资源配置能力和资源配置效率，开辟新的市场和新的增长极，将助力我国稳定地跨过"中等收入陷阱"。

习近平总书记指出，"一个国家能不能富强，一个民族能不能振兴，最重要的就是看这个国家、这个民族能不能顺应时代潮流，掌握历史前进的主动权"[②]。同时，

---

① 刘元春. 全球技术周期视角下的中国创新机遇期. 中国经济评论，2020（4）.

② 习近平谈治国理政：第二卷. 北京：外文出版社，2017：210.

总书记还指出,"在一百年的奋斗中,我们党始终以马克思主义基本原理分析把握历史大势,正确处理中国和世界的关系,善于抓住和用好各种历史机遇"①。党的十九届五中全会制定的新发展阶段、新发展理念和新发展格局战略,充分证明了中国道路已经掌握了未来历史规律、历史机遇和历史潮流。因此,从未来新征程来看,中国共产党一定能够在"两个大局"②之中顺应时代潮流,回应人民要求,勇于推进改革,准确识变、科学应变、主动求变,永不僵化、永不停滞,创造出更多令人刮目相看的世界奇迹,实现第二个百年奋斗目标。

二、改革开放以来取得的历史成就

(一)社会经济长足发展,产业结构不断优化

改革开放以来,我国坚持以经济建设为中心,解放和发展社会生产力,实际国内生产总值由 1978 年的 3 593.02 亿元增长到 2021 年的 109.6 万亿元,年均实际增长率超过 10%,平均每五年翻一番,远高于世界经济2.9% 左右的年均实际增长水平。目前,我国已是世界第

---

① 习近平. 在党史学习教育动员大会上的讲话(2021 年 2 月 20 日).北京:人民出版社,2021:13.
② "两个大局"是指实现中华民族伟大复兴的战略全局和世界百年未有之大变局。

二大经济体、制造业第一大国、商品消费第二大国、对外投资第二大国，外汇储备连续多年位居世界第一，日益成为世界经济增长的动力之源、稳定之锚。在国内生产总值不断提高的同时，我国也成功地由低收入国家跨入中等偏上收入国家行列。在扣除价格因素后，我国人均国内生产总值比改革开放初期增长 29.4 倍。2021 年，我国经济增长对世界经济增长的贡献率为 25% 左右，是引领世界经济恢复的主要力量。

在国际贸易方面，我国货物进出口规模实现跨越式发展，货物贸易稳居世界第一，服务贸易稳居世界第二。1978—2021 年，按人民币计价，我国进出口总额从 355 亿元提高到 39 万亿元，增长近 1 100 倍，年均增速达 17.6%。其中，出口总额从 168 亿元提高到 21.7 万亿元，增长 1 291 倍，年均增速为 18.1%；进口总额从 187 亿元提高到 17.4 万亿元，增长 929 倍，年均增速为 17.2%。党的十八大以来，我国货物贸易总额不断跃升，自 2017 年起连续 5 年全球第一，货物与服务贸易总额也于 2020 年跃居全球第一。① 改革开放之初，我国货物进

---

① 邹多为，胡锐. 连续迈上新台阶，我国外贸十年交出亮眼答卷. 新华每日电讯. 2022 – 05 – 21.

出口占国际市场份额仅为 0.9％；至 2020 年，我国货物进出口占国际市场份额为 13.5％。①

在经济总量不断扩大的同时，我国经济发展水平不断提高，三大产业结构在调整中不断优化。我国坚持巩固加强第一产业、优化升级第二产业、积极发展第三产业，农业基础地位更趋巩固，工业逐步迈向中高端，服务业成长为国民经济第一大产业。

在农业与农村方面，我国粮食产量已由 1978 年的 6 000 多亿斤增长到 2021 年的 13 657 亿斤。目前，我国稻谷、小麦、玉米等主要粮食作物完全可以自给，肉蛋菜果鱼等产量稳居世界第一。与此同时，休闲农业和乡村旅游蓬勃发展，2020 年接待游客近 29 亿人次。2021 年，我国农村居民人均可支配收入达到 18 931 元，是 1978 年的接近 140 倍。在农村经济方面，农民普遍增收的基础上，农村基础设施建设不断加强。超过 91％的乡镇实现集中或部分集中供水，电力、公路、宽带、有线电视条件显著改善，农村面貌日新月异。② 根据中国农

---

① 对外经贸跨越发展 开放水平全面提升——改革开放 40 年经济社会发展成就系列报告之三. 国家统计局，2018 - 08 - 30.

② 农村改革书写辉煌历史 乡村振兴擘画宏伟蓝图——改革开放 40 年经济社会发展成就系列报告之二十. 国家统计局，2018 - 09 - 18.

村居民每人每年生活水平在 2 300 元以下（2010 年不变价）的现行贫困标准，经过党的十八大以来 8 年持续奋斗，到 2020 年年底，中国现行标准下 9 899 万农村贫困人口全部脱贫，832 个贫困县全部摘帽，12.8 万个贫困村全部出列，区域性整体贫困问题得到解决。[①] 按照世界银行国际贫困标准，中国减贫人口占同期全球减贫人口 70％以上。中国提前 10 年实现《联合国 2030 年可持续发展议程》减贫目标，为全球减贫事业发展和人类发展进步作出重大贡献。改革开放以来，我国农村居民收入水平持续提高，生活水平显著提升，基本医疗得到有效保障，义务教育权利得到充分维护，贫困人口全部脱贫，我国农村从普遍贫困走向整体消除绝对贫困，创造了人类减贫史上的奇迹。[②]

在工业方面，我国也取得了举世瞩目的成就，建立了门类齐全的现代工业体系，跃升为世界第一制造大国。在改革开放前，我国工业基础比较薄弱，1978 年工业增加值仅有 1 622 亿元。改革开放后，1992 年工业增加值

---

① 国务院新闻办公室发表《全面建成小康社会：中国人权事业发展的光辉篇章》白皮书. 新华社，2021 - 08 - 12.

② 扶贫开发成就举世瞩目 脱贫攻坚取得决定性进展——改革开放 40 年经济社会发展成就系列报告之五. 国家统计局，2018 - 09 - 03.

突破 1 万亿元大关，2007 年突破 10 万亿元大关，2012
年突破 20 万亿元大关；2021 年工业增加值超过 37 万亿
元，按可比价计算，比 1978 年增长超过 60 倍，年均增
长超过 10%。工业的主要经济指标迅猛增长。2020 年工
业企业资产总计达到 141.29 万亿元，较 1978 年增长超
过 310 倍；实现利润总额为 8.7 万亿元，较 1978 年增长
144 倍。由于工业长期保持较快增长，我国制造业在世
界中的份额持续扩大。1990 年，我国制造业占全球的比
重为 2.7%，居世界第九位；2000 年上升到 6.0%，位
居世界第四；2007 年达到 13.2%，居世界第二；2010
年占比进一步提高到 19.8%，跃居世界第一，自此连续
多年稳居世界第一。①

在服务业方面，改革开放后，党和国家以改善人民
群众生活为突破口，采取各项积极有力的措施，加快服
务业发展，逐步取消或降低了部分服务业市场准入门槛，
探索并推进金融、电信、交通、房地产等行业市场化改
革，不断放开服务业各领域价格管制，服务供给得到有
效改善，生产效率大幅提升。1978—2021 年，我国服务

---

① 改革开放铸就工业辉煌 创新转型做强制造大国——改革开放 40
年经济社会发展成就系列报告之六. 国家统计局, 2018 - 09 - 04.

业增加值从 890.9 亿元增长到 61 万亿元，年均实际增长
16.4%，比 GDP 年均实际增速高约 2.0 个百分点；对国
民经济增长的贡献率从 28.4% 上升至 54.9%[①]，成为国
民经济第一大产业和经济增长的主动力。党的十八大以
来，服务领域改革大力推进，服务业迸发出前所未有的
生机和活力，新技术、新产业、新业态、新商业模式层
出不穷，服务业成为保障就业、财税、新增市场主体稳
定增长的重要力量和基石。[②]

（二）人民福祉大幅增进，生活质量显著改善

改革开放 40 多年来，我国居民收入节节攀升。2021
年，我国人均 GDP 达 80 976 元，折合 12 551 美元，已
经超过全球人均 GDP 水平，接近世界银行划设的高收入
经济体人均水平门槛。[③] 消费水平大幅提高，消费质量
显著改善。随着人民生活水平的不断提高和市场供给端的
长足进步，居民消费实现了由实物型向服务型的转变，文
化娱乐、休闲旅游、大众餐饮、教育培训、医疗卫生、健
康养生等服务性消费成为新的消费热点。

---

① 2021 年我国发展水平再上新台阶. 央视网，2022 - 02 - 28.
② 服务业在改革开放中快速发展 擎起国民经济半壁江山——改革
开放 40 年经济社会发展成就系列报告之十. 国家统计局，2018 - 09 - 10.
③ 宁吉喆. 国民经济量增质升"十四五"实现良好开局. 求是，
2022（3）.

2021 年社会消费品零售总额为 44 万亿元，相较于 1978 年的 1 558 亿元，年均增长 14%。在旅游消费方面，数据显示，虽然受到新冠疫情余波影响，但是在 2021 年我国国内旅游人数达到 32.5 亿人次，是 1994 年的 6.2 倍，年均增长 7%。2020 年全国旅游总花费约 2.92 万亿元，是 1994 年的 29 倍，年均增长 13.8%。在文化娱乐消费方面，数据显示，2019 年全国电影总票房 642.7 亿元，比 1991 年增长超过 25 倍，年均增长约 12%；2012 年以来我国电影市场规模稳居世界第二，2012 年我国电影总票房为北美市场的 25%；到 2020 年，我国总票房首次超越北美，我国成为全球第一大电影市场。特别是国产电影市场发展良好，产量稳中有升，从 2013 年起，其市场份额始终保持在 50% 以上，2019 年达到了 64.1%。①

同时，党和政府始终坚持在发展中不断改善人民生活、增进人民福祉、保障人民权利，全面推进幼有所育、学有所教、劳有所得、病有所医、老有所养、住有所居、弱有所扶。40 多年来，我国建成了包括养老、医疗、低保、住房在内的世界最大的社会保障体系，养老、医疗、

① 国内市场繁荣活跃 消费结构转型升级——改革开放 40 年经济社会发展成就系列报告之七. 国家统计局，2018-09-05.

失业、工伤、生育保险制度日趋完善，基本养老保险覆盖超过 9 亿人，医疗保险覆盖超过 13 亿人，基本实现全民医保。失业、工伤、生育保险的参保人数均达到 2 亿人左右，覆盖了绝大多数职业群体。企业退休人员基本养老金自 2005 年连续 18 年上调，城乡居民养老保险基础养老金最低标准、失业保险、工伤保险等各项社会保险待遇水平，都随经济社会发展得到了相应提高。随着新型农村合作医疗制度在全国的推广建立，以及近年来基本医保和大病保险保障水平的提高，居民看病就医较以前更加便利，更多得到政府补助，居民医疗保健支出明显增加。2021 年城镇居民人均医疗保健支出 2 521 元，1979—2021 年年均增长 16％；城镇居民人均医疗保健支出占城镇居民人均总消费支出的 8.3％。2021 年，农村居民人均医疗保健支出 1 580 元，1986—2021 年年均增长 15.4％；农村居民人均医疗保健支出占农村居民人均总消费支出的 10％。① 根据中国人口普查数据，1982 年

---

① 2021 年居民收入和消费支出情况. 国家统计局，2022 - 01 - 17；统筹人口发展战略 实现人口均衡发展——改革开放 40 年经济社会发展成就系列报告之二十一. 国家统计局，2018 - 09 - 18；居民生活水平不断提高 消费质量明显改善——改革开放 40 年经济社会发展成就系列报告之四. 国家统计局，2018 - 08 - 31.

中国居民平均预期寿命是 67.8 岁[1]；2020 年中国居民平均预期寿命上升到 77.3 岁，增加了 9.5 岁[2]，健康水平已优于中高收入国家平均水平。

（三）融入世界经济体系，深化区域经济合作

改革开放以来，我国不断发展与世界各国或地区在贸易、投资等领域的交流与合作，全方位融入世界经济，参与经济全球化能力大幅提升。自 2001 年加入世界贸易组织（WTO）后，我国切实履行加入世界贸易组织承诺，坚定支持多边贸易体制，积极推进贸易投资自由化便利化，全力支持发展中国家融入多边贸易体制，坚定反对单边主义和保护主义。党的十八大以来，我国坚定不移奉行互利共赢的开放战略，通过二十国集团（G20）、金砖国家等机制，建设性参与全球经济治理。2015 年年底，亚洲基础设施投资银行（简称亚投行）宣告成立，这是首个由我国倡议成立的多边金融机构，截至 2021 年 10 月已拥有遍及全球的 104 个成员，具有全球代表性和影响力。

在我国深度融入全球经济体系的同时，区域经济合

---

[1]　统筹人口发展战略　实现人口均衡发展——改革开放 40 年经济社会发展成就系列报告之二十一. 国家统计局，2018 - 09 - 18.

[2]　国家卫健委：我国居民人均预期寿命从 76.3 岁提高到 77.3 岁. 央视网，2020 - 10 - 28.

作也不断深化，自由贸易区战略加快实施。20世纪90年代以来，我国积极参与亚太经济合作组织、上海合作组织和亚欧会议等区域性合作，在推进多边经济合作中发挥了重要作用。到2022年10月，我国已签署19个自贸协定，涉及26个国家和地区，遍及亚洲、拉美、大洋洲、欧洲等。已签署的自贸协定中，零关税覆盖的产品范围超过90%。① 我国还在推进多项投资和自贸协定谈判，并于2020年签订《中欧全面投资协定》（中欧CAI）和《区域全面经济伙伴关系协定》（RCEP）。其中，2012年启动的RCEP谈判，是目前亚洲正在建设的规模最大的自由贸易区，涵盖全球一半以上人口，经济和贸易规模占全球的30%；而中欧双边货物贸易总额达6 000亿美元左右，人口合计19亿人，经济总量占全球的1/3。上述两个协定的签署，进一步推动了我国深度开放和融入全球的进程，有助于提振全球贸易和投资，助力全球经济复苏。

（四）国际地位不断提高，国际声誉持续提升

改革开放40多年来，在国际形势复杂多变、国际竞

---

① 对外经贸跨越发展 开放水平全面提升——改革开放40年经济社会发展成就系列报告之三. 国家统计局，2018-08-30.

争压力不断加大的情况下，我国经济社会发展经受住了各种重大挑战，社会生产力快速发展，综合国力大幅提升，人民生活明显改善，社会事业全面发展，国际地位和影响力明显提高，取得了举世瞩目的成绩。党的十九大报告中提出，中国经济已由高速增长转向高质量发展。尽管近年来我国经济增速有所放缓，但是和全球其他国家相比仍然处于高速增长状态。2020 年，面对新冠疫情的冲击，我国统筹疫情防控和经济社会发展工作，就业民生保障有力，经济运行平稳恢复，社会主要发展目标完成情况好于预期，经济依然实现了 2.3% 的增长，我国是世界上唯一实现正增长的主要经济体。2021 年，我国名义 GDP 增长 8.1%，增速高于世界主要发达国家经济增速。

在经济高速发展的同时，我国高举和平、发展、合作、共赢的旗帜，恪守维护世界和平、促进共同发展的外交政策宗旨，推动建设相互尊重、公平正义、合作共赢的新型国际关系。坚持世界各国和各国人民应该共同享有尊严、共同享受发展成果、共同享受安全保障。坚持国家不分大小、强弱、贫富一律平等，尊重各国人民自主选择发展道路的权利，反对干涉别国内政，维护国际公平正义。不把经济的长期发展建立在一批国家越来越富裕而另一批国家却长期贫穷落后的基础之上。在国际事务和地区事务上，我国积极发挥负责任的大国作用，支持广大发展中国家发展，积极参与全球治理体系改革和建设，共同为建设持久和平、普遍安全、共同繁荣、开放包容、清洁美丽的世界而奋斗。在世界贸易规则的制定中，我国支持开放、透明、包容、非歧视性的多边贸易体制，促进贸易投资自由化便利化，推动经济全球化朝着更加开放、包容、普惠、平衡、共赢的方向发展。①

第二节　构建新发展格局的实践基础

加快构建以国内大循环为主体、国内国际双循环相互促进的新发展格局，这一战略判断建立在深刻准确剖析我国生产力与生产关系、经济基础与上层建筑矛盾运动发生的新变化基础上，特别是建立在经过 40 多年的改革开放，自党的十八大以来日益清晰体现出来的各方面历史变化的基础上。这种深刻的历史变化使中国特色社会主义事业的时代使命和基本命题发生了新的改变。新时代是决胜全面小康进而实现现代化的时代，是逐步实

---

① 习近平. 在庆祝改革开放 40 周年大会上的讲话（2018 年 12 月 18 日）. 人民日报，2018 - 12 - 18.

现全体人民共同富裕的时代，是我国日益走近世界舞台中央的时代。这种深刻的历史变化集中体现于我国社会主要矛盾的变化，我国社会主要矛盾已经转化为人民日益增长的美好生活需要和不平衡不充分的发展之间的矛盾。主要矛盾的转化是关系中国特色社会主义事业全面发展的历史性变化，对我国的经济社会建设提出了新的历史性要求，因此需要制定一系列新方略。[①]

世界正面临百年未有之大变局，和平与发展仍然是时代主题，同时不稳定性、不确定性更加突出，人类面临许多共同挑战。进入 21 世纪以来，一大批新兴市场国家和发展中国家快速发展，世界多极化加速发展，国际格局日趋均衡，国际潮流大势不可逆转。世界经济形势也出现了新特点，比如长期停滞、人口老龄化、全球产业链和价值链的重构、全球贸易受阻、全球债务风险等。构建新发展格局的实践基础正是国内和国外出现的新的实践特点和发展态势。

一、国内经济的新特点

一是经济总量达到新规模。2021 年我国 GDP 总量

---

① 刘伟. 中国特色社会主义新时代与新发展理念. 前线，2017 (11)：127 - 133.

达到 114.4 万亿元，改革开放以来年均增长 14.3％。在开创了新的持续高速增长纪录的同时，我国在国际经济格局中的地位也显著提升，占全球 GDP 比重从改革开放初期的 1.8％提高到 18.5％；2010 年起超过日本，成为世界第二大经济体；近年来，不断缩小与世界第一大经济体美国之间的差距，由 2012 年相当于美国 GDP 的 52.5％上升到 2021 年的 76.1％。正如党的十九大报告所概括的，我国正在日益走近世界舞台中央。

二是人均 GDP 水平达到新阶段。正如习近平总书记所说，"我国正处于跨越'中等收入陷阱'并向高收入国家迈进的历史阶段，矛盾和风险比从低收入国家迈向中等收入国家时更多更复杂"[1]。我国人均 GDP 从 1978 年的 156 美元上升到 2021 年的 12 556 美元。在世界银行统计的按人均 GDP 水平排序中，我国由改革开放初期排在 180 个国家之后，上升至 2021 年的第 69 位。[2] 我国从改革开放初期的低收入贫困阶段，先是克服了贫困，然后跨越温饱，全面建成小康社会。

三是在经济增长的同时经济结构发生着深刻变化。

---

[1]　中共中央文献研究室. 习近平关于社会主义经济建设论述摘编. 北京：中央文献出版社，2016：19.

[2]　世界银行数据库.

第一产业就业比重自 1978 年 70.0％以上降至 2021 年的 22.9％以下；第一产业的 GDP 份额由 1978 年的 27.6％ 降至 2021 年的 7.2％以下。第二产业的 GDP 份额由 1978 年的 47.7％稳步上升，但自 2012 年以来开始出现 持续下降趋势，2021 年为 39.4％；第二产业的就业比重 由 1978 年的 17.4％上升至 2021 年的 29.1％。第三产业 的 GDP 份额从 1978 年的 24.6％上升至 2012 年的 45.5％，首次超过第二产业，2015 年后超过 50.0％， 2021 年为 52.6％；第三产业的就业比重由 1978 年的 12.1％上升至 2021 年的 48.0％。[①] 这种产业结构虽然仍 与发达国家现代化经济结构有较大差距，但也开始具有 后工业化时期的产业结构特征。与之相适应的是，城乡 社会结构发生了显著变化，城市化率（也叫城镇化率） 从 1978 年的 17.9％上升至 2021 年的 62.5％（按常住人 口计）。虽然较发达国家仍有较大差距，但我国已进入经 济社会发展的城市化加速期。

四是约束经济发展的基本条件发生了深刻变化，特 别是党的十八大以来，我国经济发展进入增长速度换挡

---

① 2021 年人社统计公报发布 全国就业人员 7.465 亿人. 人民日报，2022 - 06 - 08；中华人民共和国 2021 年国民经济和社会发展统计公报. 国家统计局，2022 - 02 - 28.

期、结构调整阵痛期、前期刺激政策消化期的"三期叠加"阶段，无论是就需求侧来看还是就供给侧来看，均发生了系统性变化。突出特点是供给侧的比较竞争优势——要素成本低（包括劳动力、自然资源、生态环境资源、技术进步成本）已发生根本性转变，需要培育新优势；需求侧的潜在空间广阔——长期经济短缺也根本扭转，要求发展方式必须根本转变。

五是宏观经济失衡的特点发生了根本性变化。改革开放 40 多年来，我国宏观经济失衡先是以需求膨胀、经济短缺为特点，因而要求宏观经济政策长期实施适度紧缩（1978 年至 1998 年 6 月）；而后需求疲软，产能过剩逐渐显现，在 1997 年亚洲金融危机和 2008 年世界金融危机影响下，矛盾更为突出，因而要求采取以扩大内需为首要任务的积极的财政政策和稳健的货币政策（1998 年 6 月后），以及更加积极的财政政策和适度宽松的货币政策（2008 年下半年后）；自 2010 年年底推出反危机政策以来，特别是党的十八大以后，中国经济进入新常态，"双重风险"并存，既有潜在的成本推动的通货膨胀压力，又有市场需求疲软导致的经济下行的威胁，使宏观政策导向难以明确，既难以全面紧缩（1978—1998 年），也难以全面刺激（1998—2010 年），要求宏观调控方式必须改变和完善，特别是协调需求与供给调控。

总之，正是由于中国特色社会主义进入新时代，正是由于新时代社会主要矛盾的变化，相应的社会经济发展的水平、阶段、条件等各方面都发生了系统性变化，由此便为我国社会经济发展带来新的挑战和机遇，因而要求从根本上转变发展方式，准确把握新发展阶段，深入贯彻新发展理念，加快构建新发展格局。

二、国际环境的新变化

（一）世界经济中心转移

2020 年新冠疫情的全球肆虐短期内加剧了世界经济发展的不均衡、不平等。国际劳工组织发布的报告指出，受疫情影响，2020 年的前 6 个月，统计范围内 2/3 国家的月平均工资水平有所下降或增长放缓，疫情或对短期内平均工资水平造成巨大下行压力。[1] 联合国贸易和发展会议发布的《2020 年最不发达国家报告》指出，新冠疫情将在全球最不发达国家的减贫、教育等领域产生负面影响，使 3 200 万人重新陷入极端贫困。其中 47 个最

---

[1]　国际劳工组织发布年度报告指出：疫情导致全球工资水平下降. 经济日报，2020 - 12 - 11.

不发达国家 2020 年的经济表现为近 30 年来最差，导致贫困率从 32.5％上升到 35.7％。[1] 但是，从中长期看，东亚地区对疫情的得当处理为后疫情时代的经济复苏奠定了坚实的基础。我国不断调整和优化疫情防控措施，因时因势进行调整，在坚持"人民至上，生命至上"的原则的同时，没有给未来经济增长带来明显的长期性损伤。2020 年，中国全年经济增长 2.3％，是全球唯一实现正增长的世界主要经济体；2021 年经济增长 8.1％，仍领跑世界其他地区，经济体量占全球经济的比重达 18.5％。2021 年，中国经济增长对世界经济增长的贡献率为 25.0％。[2] 此消彼长，在疫情冲击下，中国经济的快速复苏具有十分重要的战略意义，不仅使得世界经济中心东移的进程加快，更彰显了中国制度的显著优势，为加快构建以国内大循环为主体、国内国际双循环相互促进的新发展格局创造了战略时机和奠定了实践基础。[3]

（二）全球经济严重衰退

受新冠疫情影响，2020 年全球 GDP 经历了－3.3％的

---

① 联合国报告：疫情加剧最不发达国家贫困状况．经济日报，2020 - 12 - 09.

② 宁吉喆．国民经济量增质升"十四五"实现良好开局．求是，2022（3）.

③ 世界经济重心东移趋势日显．经济日报，2020 - 12 - 10.

负增长。2021 年世界各国或经济体的 GDP 增速，除了中国为 8.1％之外，美国、欧盟、日本和英国分别为 5.7％、5.4％、1.7％和 7.4％。但是，新冠疫情仍然在阻碍全球经济的复苏。各国为了应对疫情冲击所超发的流动性，叠加俄乌冲突导致的大宗商品价格上涨和全球供应链的重构导致的供给侧瓶颈，高通货膨胀风险正在威胁世界主要发达国家的经济复苏。2021 年 5 月，美国消费者价格指数同比增长 8.6％，创下 1982 年 12 月以来的最大同比涨幅。供应链中断、能源价格波动和局部工资压力意味着通货膨胀和政策路径的不确定性很强。随着发达经济体提高政策利率，金融稳定以及新兴市场和发展中经济体的资本流动、货币和财政状况可能会面临风险，尤其是在 2020—2021 年债务水平大幅上升的情况下。国际货币基金组织预计全球经济增长将从 2021 年的 5.9％放缓至 2022 年的 4.4％，预计 2023 年全球经济增长将进一步放缓至 3.8％。[①]

2022 年 2 月爆发的俄乌战争导致的大宗商品价格的变化，与中东战争导致的能源危机以及 20 世纪 70 年代到 80 年代初的发达国家高达两位数的通货膨胀具有相似

---

① International Monetary Fund. Rising Caseloads, A Disrupted Recovery, and Higher Inflation. World Economic Look（Update），2022（1）.

之处。新冠疫情大流行导致的供需两端的不平衡是这次通货膨胀发生的核心诱因。社会全面停摆后，供给和需求出现了深度下滑。在这个过程中，各个国家都实施了天量财政纾困救助和货币流动性超发。比如，欧美大量非常规政策惠及家庭、中小企业，从而使很多家庭的收入没有减少，从而使美国在 2020—2021 年整体消费没有下降。美国的消费还在持续增长，但供给端遇到瓶颈。如果新冠疫情得到全面控制，需求就会井喷式出现，被疫情抑制的各种需求会大幅爆发。但由于供给瓶颈、地缘政治和各种劳动力市场的变异，供需两端恢复的速度完全不匹配，从而导致价格水平大幅上升。[1] 随着高通货膨胀和美联储加息缩表周期的开启，全球经济复苏形势不容乐观。

新冠疫情的防护、逆全球化的加剧、绿色转型时代的到来、地缘政治的恶化、高债务困扰带来的成本、人口老龄化或将使得全球经济进入高成本时代。人类在未来一段时期将在这种大变局中步入高成本时期。这种高成本一方面会造成经济增长速度的下降，另一方面会转换成高通货膨胀。[2]

---

[1][2]　刘元春. 全球在大变局中将进入高成本时代. 经济日报，2022 - 06 - 13.

（三）逆全球化面临加速风险

随着全球动能的加速弱化，人口老龄化、收入不平等、技术进步、高债务、公共品缺失、治理体系恶化、民粹主义、贸易保护主义、地缘政治等九大问题会持续恶化，大国博弈将持续掀起新浪潮。当前世界正在经历又一次逆全球化。纵观人类历史上的四次逆全球化，基本规律之一是逆全球化往往发生在大国博弈、超级强国博弈时期，持续时间往往在 20 年左右。从 2008 年开始的本次逆全球化，到 2023 年不仅没有缓和，反而在加速。特别是，新冠疫情使安全问题、产业链的"备胎"问题全面提出；即使新冠疫情得到全面控制，产业链、供应链的重构也会导致逆全球化更进一步。疫情使得各种传统问题持续恶化，并带来基础性、结构性和趋势性变化。深度衰退和复苏中枢的后移使世界在结构加速调整中充满不确定性。根据世界银行的统计数据，全球贸易总量占 GDP 的比重从 2008 年 61％的最高点下降到 2019 年的 56％，下降了 5％；2020 年较 2019 年更是又下降了 4％。① 2021 年 1 月 24 日联合国贸易和发展会议

---

① 刘元春. 未来五年技术进步不支持经济摆脱长期停滞. 企业思想家微信公众号，2020 - 12 - 29.

发布的《全球投资趋势监测报告》显示，受新冠疫情影响，2020 年全球 FDI 总额约为 8 590 亿美元，与 2019 年相比缩水 42%。全球服务贸易的收缩更为明显，由于疫情的全球肆虐导致各种传统问题的恶化，世界经济的长期停滞或将进一步持续。全球经济增速持续低迷必定带来全球利益分配模式的质变，世界和各地区的结构性问题将持续发酵，并带来世界格局变化和区域间冲突。党的十九届五中全会公报也反复谈到国际力量对比深刻调整、国际环境日趋复杂的问题。后疫情时期，国际治理体系正处于加速解构过程，且又难以在短期之内得到恢复，国际治理能力正处于加速耗散的过程当中。虽然针对疫情之后的全球化治理已经有很多药方，但这些药方大多不仅没有解决问题，反而成为问题本身。展望未来，多边主义的力量可能有所削减，而区域主义或将持续上扬。过去的一百多年，人类已经历四次逆全球化，其解决的方式都不是软着陆，而是产生了激烈碰撞。现在各国提供的方案能不能满足各利益方的诉求，值得进行更深层次的思考。[①] 因此，至 2025

---

　　① 刘元春. 关于全球化必须正视的几个问题. 中国发展高层论坛，2020 - 11 - 15.

年的这段时期是百年未有之大变局中的加速重构期，
是世界经济动荡的一个关键期。

（四）疫情加速全球供应链重构

当今世界处于百年未有之大变局。在新冠疫情暴发
之前，以西方发达国家为首的贸易保护主义逐渐抬头、
逆全球化趋势显现、中美贸易摩擦加剧、全球经济相对
低迷等诸多因素，都在推动着全球供应链格局的再调整。
而在疫情暴发之后，各国加大对进出口的管制，各国经
济遭受重创，全球贸易皆出现不同程度的停滞与受损，
进一步加剧了供应链的调整以及国际贸易的不确定性。
我国作为世界第二大经济体与"世界工厂"，在全球供应
链中扮演着不可或缺的角色。全球进口额的 20％来自我
国，世界 90％的个人计算机与 70％的手机均产自我国。
因此，全球供应链格局的调整对我国既是机遇也是挑战。

首先，本轮全球供应链的调整始于西方发达国家主
导的贸易保护主义抬头。例如在中美贸易摩擦中，美国
通过对中国出口商品加征高额关税限制中国出口，人为
设置贸易壁垒，并通过技术封锁等措施遏制中国产业的
升级与发展。高额的贸易壁垒在短期内必然会加剧我国
出口成本上升。为应对西方发达国家的强势措施，我国

需要积极调整产业结构与供应链结构，而贸易摩擦又会进一步提升调整成本。

其次，自特朗普政府开始，美国就加速推行"制造业回流"的贸易保护政策。由于我国承接了美国制造业产业转移，该回流政策对我国国内产业会形成直接影响。而疫情的发生可能会进一步加剧制造业供应链向外转移。美国不仅直接要求本国企业回撤，同时还通过高额关税倒逼其他在华企业向外转移。如受到中美贸易摩擦影响，日本企业三菱电机、东芝纷纷迁回日本。主要原因之一就是受到美国对中国施加的高额关税影响，这些企业无法承受突然高企的出口成本，只能被迫在全球其他地区重新布局供应链。与此同时，其他国家如越南、印度尼西亚、柬埔寨、印度等纷纷利用其廉价的劳动力以及其他要素成本，运用优惠政策吸引外资，进一步削弱我国在全球供应链体系中的竞争地位。

最后，发达国家对我国实行技术封锁，限制企业向我国出口相关技术与产品。受制于技术"卡脖子"，我国在很多产业领域都高度依赖于进口零部件与相关技术。我国虽然近几年在科技领域已实现长足进步，但仍然在一些产业领域面临技术奇点无法突破的困境，例如电子信息、汽车、新能源、人工智能、科技医疗等领域皆存在显著的短板与空白。自 2018 年中美贸易摩擦爆发以来，美国多次以国家安全为由对我国实行技术封锁及对相关企业进行制裁，致使我国在一些重要产业领域，例如电子芯片、晶体管等，频频产生零部件断供的风险。短期内，或许我们可以通过调整产业结构，加大国产技术研发与备选技术运用力度进行风险应对，但在长期建立通畅的外循环、进一步加深国内产业升级的过程中，仍然会面临突出的挑战。

综上所述，新发展格局是在危与机并存的新发展阶段化危为机、转危为机的必然战略选择。我们不仅要从历史发展的角度准确看到国内经济大循环与国际经济大循环、挑战与机遇之间的辩证关系，还要准确研判国内外环境演变的新趋势和新规律，从中寻找到化危为机的战略路径。

第三节　构建新发展格局的理论政策基础

党中央在 2020 年提出的"双循环新发展格局"是在过去十多年持续探索的基础上对过去各种政策构想和战

略思维所进行的全面提升和进一步综合的产物。其理论基础根植于习近平新时代中国特色社会主义思想和中国特色社会主义政治经济学，与新常态理论、新发展理念、供给侧结构性改革以及高质量发展理论一脉相承，是习近平新时代中国特色社会主义经济思想和中国特色社会主义政治经济学在新时期的新发展。

一、新发展格局的理论基础

构建新发展格局是解决我国主要矛盾的必然之举。从历史唯物主义角度看，以国内大循环为主体、国内国际双循环相互促进的新发展格局体现了矛盾的"两点论"与"重点论"的统一。以国内大循环为主体抓住了主要矛盾和矛盾的主要方面，国内与国际双循环相互促进体现了矛盾的对立与统一。新发展格局是开放体系下调整生产关系以更好地促进生产力发展的必然要求，是对"发展主题"的继承与创新，是"发展主线"阶段性与连续性的统一。①

（一）新发展格局的核心命题来源于马克思主义政治经济学原理在新时期的应用与发展

首先，国内经济大循环和国际经济大循环的内涵和

---

① 李琼，张耀军. 构建新发展格局与实现高质量发展. 政治经济学评论，2022（3）.

边界来源于马克思社会总生产循环理论。一是要对国内经济大循环做出准确定义和理解，避免理论和战略上的杂音。所谓国内经济大循环，是以满足国内需求为出发点和落脚点，以国内的分工体系和市场体系为载体，以国际分工和国际市场为补充和支持，以国民经济循环顺畅、国内分工不断深化、总体技术水平不断提高为内生动力的资源配置体系。国际经济大循环则是以国际分工和国际市场为基础，以国际产业链和价值链为依托，以国际贸易、国际投资和国际金融为表现形式，基于比较优势的各经济体相互竞争、相互依存的经济循环体系。因此，并非如有些观点所认为的，国际经济大循环等同于自由的经济循环，国内经济大循环等同于封闭的经济循环。事实上，各种国外的经济主体和要素都可参与到国内经济大循环之中，只要其落脚点在于国内分工和国内市场的资源配置，其目的在于满足国内需求和提升国内的生产力与竞争力。国内经济大循环需要与国际经济大循环相对接，国内经济大循环需要在开放中利用国内国际两个市场、两种资源。国内经济大循环与国际经济大循环不是进行简单联通，而是在全面联通的基础上，形成以国内大循环为主体、国内国际双循环相互促进的新发展格局。这个双循环体系本质上是一个开放的体系，但与传统"两头在外"的外向型发展战略相比，在开放的方式、路径、落脚点、目标以及内外之间的关系上都进行了重大调整。二是在国民经济的四个环节即生产、分配、流通和消费中，生产环节依然具有先导性和决定性作用，因此供给侧结构性改革依然是国内大循环畅通的核心。三是要明确再生产的矛盾运动不仅体现在价值总量的匹配上，还体现在产品的结构性匹配上；不仅体现在静态总量与结构的匹配上，还体现在动态扩展的匹配上。因此，推进国内大循环的畅通，需要多维度的调整和改革。① 四是从马克思主义政治经济学中产业资本循环理论和社会总资本运动理论出发，构建新发展格局，打通国民经济循环的关键堵点，就要推行供给侧改革和需求侧管理，实现供给与需求的动态适配。根据马克思生产与消费是对立统一关系的观点，新发展格局要改变过去靠扩大内需被动适应供给的局面，以及靠供给侧结构性改革被动适应需求的局面，供给侧改革与需求侧管理要有机统一、协同并进，实现高水平动态平衡。②

① 刘元春. 深入理解新发展格局的丰富内涵. 光明日报，2020 - 09 - 08.
② 李琼，张耀军. 构建新发展格局与实现高质量发展. 政治经济学评论，2022（3）.

其次，新发展格局这一战略决策的基本命题和核心内容来源于生产力与生产关系等基本政治经济学原理的运用。一是坚持以生产力作为判断战略调整的核心标准。中国发展战略究竟是"以国际经济大循环为依托，以外促内"，还是"以国内经济大循环为主，以内促外"，必须根据我国分工体系和技术发展的阶段和需要来判断，必须以是否有利于生产力进步、综合国力提升和国民福利改善为标准。提出新发展格局的重要背景为，在国际大循环动能减弱、民族主义和孤立主义兴起的大变革时代，"两头在外"的外向型战略不仅难以快速提升我国的生产力、综合国力和人民生活水平，反而成为经济快速发展的新制约因素。二是必须理解资本在世界经济循环中的逐利本质，洞悉帝国主义在世界经济体系中的竞争本质，从根本上认识到目前外部环境的变化具有趋势性和必然性。中国无法单纯依靠国际经济大循环实现生产力和技术的快速进步，依赖国际经济参与度的深化不仅难以从根本上突破比较优势带来的低水平技术锁定效应，也难以解决在大国博弈中遭遇的"卡脖子"问题，中国竞争力的提升必须根源于内部循环畅通和技术进步。三是生产力的快速发展不仅体现为技术进步，还体现为分工体系的拓展和深化，因此，适应生产力发展的生产关系调整不仅体现在新型创新体系的构建上，还体现为在大循环畅通条件下分工体系中各种生产组织体系的创新和发展。新型科技体系与企业家创新活力是新发展格局形成的核心要素。四是生产关系的调整不仅体现在生产、分配、流通和消费等环节的改革和完善，更体现在基本经济制度的完善和经济治理能力的提升。新发展格局必须通过深化改革来激发新发展活力。

（二）双循环新发展格局是新发展理念的深化和提升

世界百年未有之大变局的加速期所带来的不稳定性和不确定性必然要求新发展理念全面增强安全的维度，使中国高质量发展在发展与安全统筹上行稳致远。2019年1月21日，习近平总书记在省部级主要领导干部坚持底线思维着力防范化解重大风险专题研讨班开班式上强调，"当前，世界大变局加速深刻演变，全球动荡源和风险点增多，我国外部环境复杂严峻。我们要统筹国内国际两个大局、发展安全两件大事"①。面对波谲云诡的国际形势、复杂敏感的周边环境、艰巨繁重的改革发展稳

---

① 习近平在省部级主要领导干部坚持底线思维着力防范化解重大风险专题研讨班开班式上发表重要讲话．新华社，2019-01-21．

定任务，我们既要有防范风险的先手，也要有应对和化解风险挑战的高招；既要打好防范和抵御风险的有准备之战，也要打好化险为夷、转危为机的战略主动战。"以国内大循环为主"的双循环发展新格局就是统筹发展与安全的战略主动战。2020 年 7 月 30 日，中央政治局会议进一步指出，"统筹发展和安全，必须把新发展理念贯穿发展全过程和各领域，实现更高质量、更有效率、更加公平、更可持续、更为安全的发展""实现发展规模、速度、质量、结构、效益、安全相统一"①。

二、新发展格局的政策基础

双循环新发展格局是党和国家顺应时代发展规律不断调整发展战略的总结和深化。党和政府早已认识到简单外向型发展战略存在的系统性问题，并对这些战略进行了持续修正。2008 年全球金融危机以来，我国传统的外向型战略面临五大冲击：（1）全球化红利的递减和分配模式的巨变导致全球化发展的动能大幅减弱，中国经济外需出现严重萎缩，要求中国必须将经济发展的动能从出口—投资驱动模式转向内需—创新驱动模式。（2）大国冲突带来的技

---

① 中共中央政治局召开会议 决定召开十九届五中全会 分析研究当前经济形势和经济工作 中共中央总书记习近平主持会议．人民日报，2020－07－31.

术"卡脖子"问题要求中国技术发展必须从"引进—移植—模仿—消化"向自主创新模式转变。（3）"两头在外"贸易模式使中国难以摆脱全球价值链的约束，存在陷入比较优势低水平陷阱之中的危险。构建新的国际合作模式和国际竞争力要求中国必须全面强化国内分工体系升级，形成"以内促外"的新格局。（4）内部经济循环的不畅通、分割化和碎片化难以支撑国际竞争力的全面快速提升，进一步开放需要内循环的全力支持。（5）简单开放战略不仅难以肩负中国高质量发展的动力，反而成为中国经济循环的动荡源。"以外为主，以外促内"的外向型发展战略已经完成了其历史使命，新时期中国大国崛起、民族复兴必然要求对这种战略进行政策调整。

在 2006 年和 2011 年国家出台的"十一五"规划和"十二五"规划中，政府都明确了对于"两头在外"出口导向型发展战略进行全面修正，提出"立足扩大国内需求推动发展，把扩大国内需求特别是消费需求作为基本立足点，促使经济增长由主要依靠投资和出口拉动向消费与投资、内需与外需协调拉动转变"。

党的十八大以来，党中央根据新时期面临的新格局、新挑战、新规律和新使命进一步提出了修正出口导向发展战略的具体策略和发展思路。2012 年中央经济工作会议果断提出要以"扩大内需、提高创新能力、促进经济发展方式转变"替代"简单纳入全球分工体系、扩大出口、加快投资"的传统模式。2013 年中央提出的新常态理论要求对"三期叠加"面临的深层次问题进行梳理。2015 年，中央提出新发展理念和供给侧结构性改革，对于这些问题进行了全面的战略部署；同年 5 月，国务院发布《中国制造 2025》。2016 年国家"十三五"规划进一步在指导思想中要求"要准确把握战略机遇期内涵的深刻变化，更加有效地应对各种风险和挑战，继续集中力量把自己的事情办好，不断开拓发展新境界"。2018 年中央经济工作会议在深化供给侧结构性改革的基础上提出"巩固、增强、提升、畅通"——巩固"三去一降一补"成果，增强微观主体活力，提升产业链水平，畅通国民经济循环。2019 年国务院政府工作报告将"畅通国民经济循环""持续释放内需潜力""促进形成强大国内市场"作为报告的关键词；2019 年中央财经委员会第五次会议决定，要"坚持独立自主和开放合作相促进，打好产业基础高级化、产业链现代化的攻坚战"。

2020 年中央经济工作会议提出,"要紧紧扭住供给侧结构性改革这条主线,注重需求侧管理,打通堵点,补齐短板,贯通生产、分配、流通、消费各环节,形成需求牵引供给、供给创造需求的更高水平动态平衡,提升国民经济体系整体效能"①。需求侧结构性管理作为新发展格局的重要组成部分,也是构建新发展格局的政策基础。需求侧管理以需求侧所面临的一系列问题为切入点,以机制体制的改革和一揽子政策配合作为基础性工具,以增强供需的适配性、促进国民经济循环畅通作为最终目标,以实现高质量发展作为落脚点。由于外部国际大循环的动力有所弱化,不确定性急剧上扬,风险压力加大,必须从发展阶段、发展目标、发展的内外部环境,提出以国内大循环为主体、国际国内双循环相互促进的新发展格局战略。为了促进国民经济循环的健康发展,我们不仅要在供给端做足文章,同时要配合以需求侧的调整,需求侧管理是扩大内需战略的最重要、最基础性的战略举措。

---

① 中央经济工作会议 12 月 16 日至 18 日在北京举行. 新华社,2020 - 12 - 18.

第四节　构建新发展格局的现实基础

双循环新发展格局理论不仅具有坚实的历史基础、政策基础和理论基础，更为重要的是具有可实施的现实基础。党和国家"由外向内"的政策和战略调整已经取得显著成就：一是外贸依存度从 2006 年的 63% 下降到 2019 年的 33%，下降了 30 个百分点；二是加工贸易比重大幅下降，劳动密集型产品占比大幅下降、出口国集中度大幅下降；三是内需特别是消费在经济增长中的贡献大幅提升，平均水平超过 70%；四是技术转让力度下降，国内技术创新成为出口竞争力提升的关键；五是国内营商环境、创新环境以及市场秩序得到前所未有的改善，中国大市场效应开始全面显化。[①]

一、先进完善的生产体系为构建新发展格局奠定供给基础

在供给层面，我国已建立全世界最为齐全、规模最大的工业体系，拥有 39 个工业大类、191 个中类、525

---

① 刘元春. 双循环新格局是处理内外矛盾新变化的必然之举. 中国经济评论，2020（2）.

个小类，成为全世界唯一拥有联合国产业分类中全部工业门类的国家。在世界 500 多种主要工业产品中，中国有 220 多种产品的产量居世界第一。国内产业相互配套，规模效应、范围效应以及学习效应在产业体系中全面展现，产业链具有较好的自我循环能力。

同时，"中国制造"开始向"中国智造"和"中国创新"转变。国内各经济主体拥有基本的创新能力和创新动力，政府主导下的基础研究和技术赶超体系、庞大市场诱导下的商业创新体系，为中国创新注入了自我创新的内生动力，中国各类专利申请量已经位居世界前列。2019 年中国 PCT[①] 国际专利申请量首次以 5.899 万件超过美国，跃居全球第一位。全社会研发投入从 2012 年的 1.03 万亿元增长到 2021 年的 2.79 万亿元，研发投入强度从 2012 年的 1.91% 增长到 2021 年的 2.44%。根据世界知识产权组织发布的全球创新指数排名，中国从 2012 年的第 34 位上升到 2021 年的第 12 位。[②] 数据显示，2021 年全国专利密集型产业增加值突破 14.30 万亿元，

---

① PCT 是《专利合作条约》（Patent Cooperation Treaty）的英文缩写，是有关专利的国际条约。

② 钟源. 创新指数排名升至第十二位 我国跨入创新型国家行列. 经济参考报，2022 - 06 - 07.

占 GDP 的比重为 12.44％。① 载人航天、探月工程、深海工程、量子信息、水稻基因组学研究等领域取得一批重大科技成果。关键核心技术攻关持续推进，首批国家实验室挂牌成立。北京、上海科技创新中心建设取得重要进展，粤港澳大湾区国际科技创新中心建设顺利起步，综合性国家科学中心建设全面加速。"大众创业、万众创新"蓬勃发展。规模以上工业企业研发经费支出快速增长，2021 年全国技术合同成交金额达到 3.7 万亿元，企业技术创新主体地位日益凸显。② 中国在全球创新版图中的地位和作用发生了新的变化。中国既是国际前沿创新的重要参与者，也是共同解决全球性问题的重要贡献者。

"十三五"时期，供给侧结构改革取得阶段性成就，发展质量效益明显提高。2021 年，我国全员劳动生产率提高到 14.6 万元/人，比 2020 年提高 8.7％。供给体系质量不断提高，三次产业增加值比重调整为 7.7：

---

① 2021 年全国专利密集型产业增加值数据公告.国家统计局，2022 - 12 - 30.

② 全国人大财政经济委员会，国家发展和改革委员会.《中华人民共和国国民经济和社会发展第十四个五年规划和 2035 年远景目标纲要》释义.北京：中国计划出版社，2021.

37.8∶54.5。农业现代化稳步推进，"藏粮于地、藏粮于技"战略深入实施，累计建成高标准农田 8 亿亩，新增高效节水灌溉面积 1 亿亩，主要农作物良种实现全覆盖，农作物耕种收综合机械化率超过 70%，粮食年产量连续稳定在 1.3 万亿斤以上，农业适度规模经营和新型经营主体健康发展。制造强国战略深入实施，传统产业加快改造升级，先进制造业加速发展，高技术制造业、装备制造业、战略性新兴产业增加值年均分别增长 10.3%、8.4%、9.5%。产业数字化、智能化转型明显加快，两化融合发展走深向实，规模以上工业企业生产设备数字化率、关键工序数控化率、数字化设备联网率分别达到49.9%、52.1%、43.5%。如表 2-1 所示，我国制造业增加值占全球比例在 2005—2017 年间快速提升。服务业拉动作用日益凸显，信息传输、软件和信息技术服务业增加值年均增速高达 20.7%。一批交通、能源、水利等重大基础设施建成投运，新型基础设施建设加快推进。

表 2-1　全球制造业增加值分布趋势（%）

国家类别	2005 年	2010 年	2015 年	2016 年	2017 年
工业化国家	69.6	61.8	56.8	56.0	55.3
新兴工业化国家	16.0	16.6	16.5	16.4	16.3

续表

国家类别	2005 年	2010 年	2015 年	2016 年	2017 年
中国	11.6	18.5	23.3	24.1	24.8
其他发展中国家	2.3	2.5	2.7	2.8	2.8
最不发达国家	0.5	0.6	0.7	0.7	0.8

　　"十三五"时期，网络强国战略深入实施，数字化赋能激发新活力。"宽带中国"建设加快推进，建成世界规模最大 4G 网络，用户接近 13 亿；5G 终端连接数超过 2亿；基站初步覆盖地级以上城市；高速光纤覆盖所有城市、乡镇以及 98％以上的行政村；固定宽带家庭普及率、移动宽带用户普及率分别达到 96％、108％。网络提速降费持续推进，手机国内长途和漫游费全部取消。数字经济规模大幅提升，电子商务交易额、网上零售额年均增速分别达到 11.3％、21.9％，2020 年跨境电子商务交易额实现 1.69 万亿元。"互联网＋"行动计划成效显著，大数据、云计算、物联网、人工智能等广泛应用于经济社会发展，催生出大量新产业、新业态、新模式。国家政务信息资源管理体系和数据共享责任清单机制初步建立。网络空间综合治理显著增强，网络安全保障体系进一步完善。

二、超大规模市场为构建新发展格局奠定需求基础

中国拥有超大规模市场，不仅具有 14 亿世界最大的人口规模，更为重要的是具有 4 亿世界最大的中等收入人群。我国消费品零售总额和进出口总额均稳居世界前两位，消费已经是经济增长最重要的源泉，2021 年最终消费支出对经济增长贡献率为 65.4%，拉动经济增长 5.3 个百分点。固定资产投资质量效益不断提升，并具有快速增长的潜力。可以看出，外需和内需的关系已出现重大改变。

2015—2018 年，中国个人消费支出从 42 710.65 亿美元增长至 51 735.37 亿美元，年均个人消费支出远高于同发展水平的美国、日本、英国、法国、德国、意大利、韩国（见图 2-3）。中国个人消费年均增长速度达 6.62%，显著高于同经济水平的美国（3.41%）、日本（6.09%）、英国（2.50%）、法国（5.25%）、德国（-6.81%）、意大利（6.19%）、韩国（0.68%）。

2015—2018 年，中国政府消费支出从 15 461.52 亿美元提升至 19 631.41 亿美元，年均规模显著高于同发展阶段的对照国家（见图 2-4）。中国政府消费支出增长幅度为 26.97%，高于同阶段的美国（14.18%）、英国

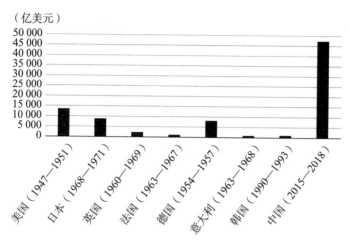

（亿美元）

图 2 - 3　中国与同发展水平美国、日本、英国、法国、德国、
意大利、韩国年均个人消费支出

（24.61％）、法国（20.11％）、德国（19.14％）、意大利
（12.53％）、韩国（9.55％）。中国政府消费支出的年均
增长速度达到 8.29％，是同经济发展水平下美国的 2.4
倍、英国的 3.3 倍、法国的 1.8 倍、德国的 2.2 倍、意
大利的 1.5 倍、韩国的 2.7 倍。

随着网络技术的进步和网络覆盖范围的扩大，尤其
是国家对农村地区网络建设的支持力度不断加大，加之
网络购物具有的操作简便、商品选择余地大、价格优势
明显等突出特点，网络零售规模不断壮大，成为消费增
长的重要因素。据第 49 次《中国互联网络发展状况统计

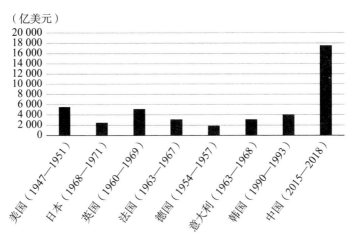

图 2 - 4　中国与同发展水平美国、日本、英国、法国、德国、意大利、韩国年均政府消费支出

报告》，2021 年我国互联网普及率达到 73.0%，其中农村地区互联网普及率达到 57.6%，我国互联网上网人数达 10.32 亿人。2021 年，全国网上零售额 13.1 万亿元，比 2014 年增长了 4.7 倍；其中，实物商品网上零售额 10.8 万亿元，比 2014 年增长了 4.5 倍。① 2021 年，实物商品网上零售额占社会消费品零售总额比重为 24.5%，比 2014 年提高 15.6%。网上零售对社会消费品零售总额增长的贡献逐年提高，消费增长动力逐步转换。2021 年，网络零售市场保持稳步增长，成为稳增

① 2021 年全国网上零售额同比增长 14.1%. 人民日报，2022 - 03 - 22.

长、保就业、促消费的重要力量，为推动构建新发展格局做出了积极贡献。

通过高质量打赢脱贫攻坚战，困扰中华民族几千年的绝对贫困问题得到历史性解决，也为进一步释放超大规模市场潜力奠定了基础。"十三五"时期，现行标准下5 575万农村贫困人口全部脱贫、832个贫困县全部摘帽、12.8万个贫困村全部出列，区域性整体贫困得到解决，完成了消除绝对贫困的艰巨任务。2012年以来，9 899万农村贫困人口实现脱贫，提前10年实现联合国发布的《2030年可持续发展议程》减贫目标，直接推动全球贫困人口总量显著下降，对全球减贫贡献率超过70%，创造了彪炳史册的人间奇迹和减贫治理的中国样本。贫困县农民人均可支配收入年均增速明显高于全国平均水平，建档立卡贫困人口人均纯收入由2015年的2 982元增加到2021年的10 740元，年均增幅达29.2%。贫困群众全部实现"两不愁三保障"。贫困人口受教育机会大幅增加、教育水平大幅提升，义务教育阶段20万建档立卡贫困家庭辍学学生实现动态清零；农村贫困人口医疗负担明显减轻，1 936万建档立卡贫困人口被纳入社会救助保障范围；建档立卡贫困户存量危房改造任务全部完成，790 万户、2 568 万贫困群众的危房得到改造。贫困地区生产生活条件明显改善，基础设施建设突飞猛进，具备条件的乡镇和建制村全部通硬化路、通客车、通邮路，现行标准下的贫困人口饮水安全问题得到全面解决，农网供电可靠率达到 99％，大电网覆盖范围内贫困村通动力电比例达到 100％，贫困村通光纤和 4G 比例超过 98％。

三、深化改革为构建新发展格局奠定制度基础

中国特色社会主义市场经济改革基本完成，市场在资源配置中起到了根本性作用，统一公平的全国大市场也在各类基础性改革、供给侧结构性改革和营商环境的改善等举措的作用下开始出现，国民经济在生产、分配、流通和消费等环节基本实现了畅通。相对稳定、相对独立、富有效率、良性互动的国内经济大循环，已成为中国经济的基本盘。

中国市场产生的过程，与其他国家市场产生的过程有明显区别，并不是遵循简单的市场失灵引发政府干预这样一种市场与政府的二分化。中国的政府是市场之母，市场经济体系在政府主导下不断地创立。通过不断地扩大开放和深化改革，相对竞争的市场主体、市场制度和

市场体系形成。① 在实践中，我国已经形成公有制与市场经济有效结合的制度安排；确立了市场在资源配置中的决定性作用，在市场发挥资源配置作用的同时更好地发挥政府职能，形成了政府与市场充分融合、相互补充的关系；以发展规划为主体，财政货币政策为核心，产业、科技、区域、就业、投资、外贸等政策为辅助，形成了一套行之有效的中国特色的宏观治理框架；深化改革开放，以加入世界分工体系来推动建立国内分工体系。②

"十三五"期间，我国立法、执法、司法全方位产权保护法治体系初步形成，甄别纠正涉产权冤错案件取得重要突破，涉政府产权纠纷问题专项治理行动深入推进。要素市场化配置改革持续深化，城乡统一的建设用地市场加快构建，农村集体经营性建设用地入市制度加快确立，利率市场化改革成效显著，汇率形成机制的市场化程度明显增强，设立科创板、改革创业板并试点注册制，科技成果使用权、处置权和收益权改革深入推进，输配电、成品油、天然气等领域价格改革不断深化，主要由

---

① 刘元春. 中国现代市场经济是在政府主导下建立的. 新浪财经，2019 - 04 - 27.

② ［南方日报］百年大党寰宇对话｜刘元春：中国经济建设前所未有地丰富和发展社会主义政治经济学. 中国人民大学国家发展与战略研究院，2021 - 07 - 05.

市场决定价格的机制基本完善。

"十三五"期间，国资国企改革持续深化，以管资本为主的国有资产监管体制逐步完善，国企党建工作全面加强，公司制改革基本完成，混合所有制改革试点示范带动作用逐步显现。在市场准入、金融服务、融资纾困等方面出台了一系列有利于小微企业和民营经济发展的政策措施，累计新增减税降费超过 7.6 万亿元。

"十三五"期间，"放管服"改革不断深入、成效明显，市场准入负面清单制度全面实施，公平竞争审查制度初步建立，行政审批改革深入推进，事中事后监管制度日益健全，政务服务"一网、一门、一次"改革不断深化，商事制度改革全面推开，营商环境全球排名大幅提升。"十三五"期间，市场主体增长 80.5%，达到 1.4 亿户。

"十三五"期间，中央与地方财政事权和支出责任划分改革稳步推进，预算管理制度改革持续推进，预算绩效管理全面实施，营业税改征增值税全面推开，综合与分类相结合的个人所得税制初步建立。一批重大风险隐患"精准拆弹"，经济发展韧性不断提升。结构性去杠杆有序推进，宏观杠杆率过快上升势头得到遏制。地方政府违法违规举债行为得到初步遏制，地方政府债务风险总体可控。金融宏观审慎管理制度建设深入推进，金融风险处置取得重要阶段性成果，金融系统抵御风险能力进一步增强。房地产调控长效机制不断完善，严防资金违规流入房地产市场。

四、新冠疫情阻击战和经济复苏保卫战阶段性胜利为双循环新发展格局战略赢得战略时机

党中央在新冠疫情防控阻击战和经济复苏保卫战取得阶段性成果之际，提出"加快形成以国内大循环为主体、国内国际双循环相互促进的新发展格局"，充分把握了化危为机、趁势而为的战略时点，不仅有利于形成转向国内大循环的战略共识，而且可以借助经济率先复苏的优势，通过快速复工复产进行国内经济大循环的合理布局，大大节省了战略转换成本。

2020 年，我国以疫情阻击战的胜利作为行政性全域复工复产的前提，以行政性全域复工复产为经济快速重启奠定了基础，用以"六保"为核心的一揽子规模化刺激方案为国民经济循环快速复苏提供了核心动力，使得经济成功抵御疫情冲击并呈现诸多亮点。实际 GDP 增速实现 V 型反转，经济景气度显著回升（见图 2-5）。工业增长回归常态，服务业生产持续恢复，生产者经营预

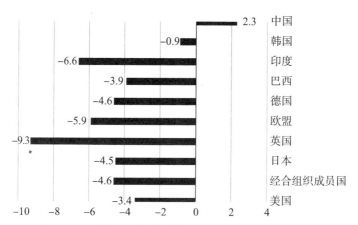

图 2-5 世界主要国家或地区 2020 年名义 GDP 增速
资料来源：OECD 数据库.

期持续改善。高技术产业韧性十足，其增加值和投资双双逆势增长。外贸外资超预期增长，累计同比增速双双由负转正。投资和消费需求持续恢复，内需增长动力逐渐增强。随着经济稳步复苏，城镇调查失业率持续下降，居民实际可支配收入实现增长。公共财政收入和政府性基金收入状况明显改善，外汇市场、股票市场等金融市场总体稳定。房地产市场在"房住不炒"的基本定位下温和调整。中国疫情与世界疫情的不同步使中国供应链、产业链的优势得到了充分发挥，保证了中国外需不仅没有随着世界贸易的崩溃而崩溃，反而逆势出现超预期反弹，为中国经济内循环的重启和经济整体复苏提供了强大支撑。中国新经济和高新技术的发展为中国疫情期间生活模式和生产方式转型提供了技术和产业基础。中国经济的快速复苏为中国双循环新发展格局战略的启动创造了最佳的战略时机和宏观基础，具有十分重大的战略意义。

疫情阻击战和经济复苏保卫战阶段性胜利所赢得的战略时机还在于，欧美等国家所采取的零利率政策、大规模资产购买政策以及财政赤字货币化政策等，弊端逐渐暴露。经济低迷，劳动力参与率恢复缓慢的同时，这些政策带来的过量流动性导致高通胀风险再现。然而，中国的经济社会体系有显著的制度优势，能够利用强大的政治动员、社会动员以及各种监控模式，很好地控制新冠疫情带来的经济社会影响，使经济能够快速复工复产、快速触底反弹。中国没有按照欧美等国家原有的政策哲学、政策方案来指导中国经济，而是以我为主、依据本国国情制定政策。中国经济率先恢复、率先进入新的发展周期，这也能够为中国在后疫情时代赢得相对较长的战略机遇期。

疫情为中国新发展格局的开启提供了战略契机，也为中国赢得下一轮中美博弈提供了一段缓冲期。这是因为：第一，2020 年疫情的冲击，美国采取极限施压贸易博弈的极端策略已经落空，显示了美方的战略性失败。第二，由于中国率先复苏，使中美之间的实力对比发生了很大变化。2019 年，中国 GDP 占美国 GDP 的比重约为68.4％；到 2021 年，中国 GDP 已经是美国 GDP 的 77％，中美之间的经济实力差距进一步缩小。按照不变价格测算，中国 GDP 总量可能在 2028—2029 年超过美国。[1]

2022 年，我国经济仍受到疫情的严重影响，病毒的强传染性、强隐匿性和广传播力增加了防疫难度。党和政府坚定信心，保持定力，疫情防控工作稳扎稳打。在"人民至上、生命至上"的大原则下，因时因势决策，科学精准防控，动态调整防疫政策，既考虑人民群众的基本生活质量，又兼顾就业稳定和经济发展。2022 年上半年，我国 GDP 同比增长 2.5％，超出了预期水平。我国经济能够取得这样的成绩，说明我国在疫情防控和复工复产方面取得了胜利。尤其是 2022 年 6 月份的数据显示，我国目前的整个复工复产已经达到了企稳回升的状态，为下一步经济的全面复苏打下了坚实的基础。

---

[1] 刘元春. 坚持以我为主稳步推进经济复苏和应对大国博弈. 国际金融，2021（2）.

第三章

构建新发展格局的
核心命题和内涵体系

第一节　中国经济再出发：
理解双循环战略的核心命题

双循环是指以国内大循环为主体、国内国际双循环相互促进的新发展格局，这一内涵中很重要的一点是以内为主，以满足国内需求为出发点和落脚点，以国内的分工体系为载体，以国内的生产、消费、分配、流通等环节的畅通和新动能的不断提升为内生运行动力，同时还要以国际大循环作为重要的补充和支持。双循环体系本质上是一个开放的体系，但是它与传统的两头在外的外向型发展战略相比，在开放的方式、路径、落脚点、目标以及内外关系上都进行了重大调整。

一、"双循环"的历史逻辑

（一）循环模式的变迁符合我国工业化发展的进程

自新中国成立以来，我国工业化发展经历了工业化早期阶段、工业化快速发展阶段以及工业化成熟阶段。在工业化发展的三个阶段中，循环模式发生了两次重要的变迁：一是在改革开放后，我国在经济生产方面逐渐加入国际大循环，经济循环模式由国内大循环为主转为国际国内双循环，并在加入世界贸易组织后进一步深度参与国际大循环，形成以国际大循环为主的发展格局；二是在 2008 年全球金融危机爆发后，国际国内经济进行了深度调整，我国以往以国际大循环为主的循环模式逐渐无法适应国内外经济运行的新特点，党中央提出构建以国内大循环为主的国内国际双循环体系，重新建立高效的增长动能，疏通国内面临的诸多堵点。循环模式的变迁反映的是我国经济模式的变迁以及工业化的发展进程。以国内大循环为主、国内国际双循环相互促进的新发展格局则是党中央在面临百年未有之大变局之际，提出的新的战略构想，以应对国内外经济新挑战以及国内循环存在的诸多堵点，体现了党中央对我国作为大国的发展规律的深刻认知。本节从我国经历的工业化发展的三个阶段入手分析新发展格局提出的历史逻辑。

1. 工业化早期阶段：20 世纪 50—80 年代

我国工业化发展初期始于新中国成立初期，当时我国工业化基础薄弱，主要体现在生产技术以及生产资料的匮乏。为了尽快建设我国工业化体系，党中央在苏联的支持下建设了 156 项工程，初步形成了我国工业化的雏形；随后加大工业化建设，积极建设能源基地、钢铁基地等一系列工业化基础，逐渐形成独立自主的国民经济体系，我国现在很多国有企业都是在那个阶段建立起来的，为改革开放后尽快加入国际大循环奠定了重要的发展基础，在短短三十年间实现了工业化的初步积累。然而在这一阶段，由于世界处于冷战格局，我国面临着内忧外患的局面，无法与外界形成充分的贸易与技术交流，只能通过国内大循环促进国内工业化的发展。尽管我国在工业化早期阶段经历了从无到有的飞跃，逐步摆脱了国家落后的局面，但相较于发达国家，我国在生产资料与科学技术方面仍然存在显著差距。

2. 工业化快速发展阶段：改革开放后的 30 年

我国工业化发展初期，虽然通过早期的积累有了快速的提升，但仍然面临诸多短板，在固定资产投资不足与生产资料短缺方面尤为明显。改革开放为我国进一步提速发展工业化提供了可能性。具体而言，改革开放打开了我国加入国际循环的窗口，在随后的 30 年间，我国不仅通过国际循环迅速建立了社会化大生产的成熟体系，也实现了固定资本的积累与生产资料的缺口填补。1987年 10 月，国家计划委员会经济研究所王建研究员提出"关于国际大循环经济发展战略的构想"。1988 年初，在调查研究的基础上，党中央要求组织实施沿海地区经济发展战略，不仅将把我国沿海开放地带推到国际市场上去参与国际交换和竞争，而且从根本上说，必将有力地促进我国中部和西部地区的经济发展。1992 年邓小平南方谈话后，中国改革开放迎来了新的浪潮。在改革开放初期，我国凭借较低的劳动力成本获得了国际生产市场上的有力竞争地位，引入大量的资本投资与固定资产投入，同时也进一步加深了对国际循环的依赖。

1997 年，亚洲金融危机爆发，外需迅速收缩，首次对我国"两头在外"的循环模式提出挑战。我国在加大财政政策力度的同时，也加快了基础设施建设，并提出扩大内需以应对全球市场带来的不确定性冲击。随着 21 世纪初金融全球化的快速发展，以及同期我国加入世贸组织，经济全球化进一步加深，我国金融市场在发展的同时也加深了与全球各国的金融联系。改革开放后的 30 年，我国依赖国际循环的快速发展的过程有利有弊。该路径的优势在于，我国迅速完成了工业化体系的搭建，并通过深度参与全球价值链提升了资本有机构成以及劳动生产率；与此同时，为了实现收支平衡，人民币的大幅贬值以及出口的大幅增加都进一步提升了我国的贸易水平，使我国在经济总量上有了质的飞跃。然而，该路径也存在一定的弊端。首先，我国工业化体系的搭建是依附于西方资本主义工业化的进程，这就意味着，我国所参与的全球化是西方资本主义经济的外溢，我国因此提升的资本有机构成以及剩余价值能力的增长也伴随着收入分配向利润的倾斜，这种分配趋势一定程度上抑制了居民的消费能力，进而造成了需求总量的不足以及需求结构性失衡；其次，我国经济对国际循环的深度依赖降低了国民经济应对外部冲击的稳定性，这是因为我国在引入大量生产资料以及固定资产的过程中必须伴随着消费资料的出口，这种"两头在外"的经济模式无法有效应对国际市场的需求萎缩冲击以及供给冲击。

3. 工业化成熟阶段：2010年至今

2008年全球金融危机爆发后，我国开始逐步探寻有效应对国际冲击的循环模式的转变。这个阶段，我国工业化已经发展至中后期，资本有机构成增速逐步放缓，劳动生产率也逐步达到平稳状态，在全球价值链中不再以劳动力成本作为核心竞争力。在工业化后期，经济增长动力不足，供需逐步展现出结构性矛盾，再加上频发的国际冲击，党中央积极探索，最终找到能够适应新发

展阶段的循环模式，"双循环"发展模式以及新发展格局
应运而生。新发展格局不是对过去发展模式的否定，更
不是对以往战略的覆盖，而是我国在逐步应对解决当前
经济面临的诸多问题过程中，在提出"供给侧改革""创
新发展战略""需求侧管理"等诸多战略的基础上深化提
炼的新发展阶段的战略要求，与以往的发展模式以及经
济战略具有辩证统一的关系。

（二）产业结构升级面临新的挑战

我国在实现现代化的过程中，工业化的发展举世瞩
目，尤其是制造业的发展更是带动了我国近 40 年的高速
增长。从工业化发展的进程来看，经济增长点的不断迭
代促进了我国产业结构的升级，使我国从农业大国逐渐
发展为制造业大国。然而值得注意的是，每一轮产业结
构升级的因素都是复杂的，同时会受到国内国际因素的
多重影响。从国内生产率的提高到相关政策的扶持，从
全球价值链的变迁到大国之间的博弈，无一不对我国产
业结构升级产生重要影响。在百年未有之大变局之际，
回顾我国工业化发展进程以及产业升级的过程，有助于
我们更深刻地理解产业结构升级的一般规律，更准确地
识别当前面临的诸多挑战并给出相应的政策应对。

　　一个国家的现代化进程往往是工业化进程。自新中国成立以来，我国经历的两次循环模式的转变都伴随着工业化的发展与产业结构的升级。图 3-1 展示了我国自1952 年以来三大产业增加值占 GDP 的比重。在工业化发展的 70 年里，第一产业的占比从 50％下降至 7％左右，而第二、三产业的占比则分别从 21％、29％上升至41％、53％，产业结构升级分别体现在第二产业与第三产业的快速发展，而这两种产业的结构变化又分别发生在工业化的不同时期。

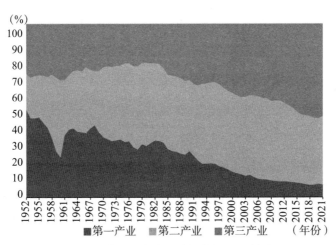

图 3-1　我国三大产业增加值占 GDP 的比重

资料来源：国家统计局.

　　工业化发展初期（新中国成立初期至改革开放前），

我国正处于内忧外患的局面，无法参与到全球价值链的分工体系中，更多是以国内循环为主，但即使是在这样的环境下，我国依然大力发展工业建设，独立自主地建立自己的国民经济体系，与新中国成立之前相比，有了突飞猛进的发展。在这一阶段，产业结构升级体现在第二产业的快速发展，即工业与建筑业的快速发展。我国通过加大对基础设施与固定资产的投入实现重工业的发展，而在这一过程中，第二产业的发展是以第一、三产业的收缩为代价的。

工业化快速发展期（改革开放至 2008 年全球金融危机），我国对内进行经济体制改革，大力推行市场经济，极大提高了国内经济的增长效率；对外注重开放，积极参与到全球价值链的循环中。在这一过程中，我国从生产技术到产业结构与经济增长都发生了翻天覆地的变化，与发达国家的差距逐渐缩小。这一阶段的产业结构升级主要体现在第三产业的快速发展上。1978—2010 年，第三产业的 GDP 占比从 25％上升至 45％，而第二产业的 GDP 占比基本没有变化，维持在 47％左右。第二产业占比的变化趋缓，体现的是我国不断成熟的工业体系以及内部发生的结构调整。虽然从 GDP 占比来看，第二产业没有发生显著变化，但值得注意的是，第三产业的发展需要依托第二产业的实体建筑基础，这就意味着，第二产业的发展逐步从引领国民经济发展的重工业发展模式转向能够支撑并促进第三产业的工业化模式。第三产业快速发展的背后是我国基于第二产业逐渐成熟的工业化体系以及经济体制的深化改革。1997 年亚洲金融危机爆发后，我国建立了以股份制为核心的现代企业制度，人均收入水平大幅提升。随着工业化的进程，第三产业的增速及其在国民经济中的占比已经逐渐超过了第二产业，成为国民经济的主导产业，进而促进了产业升级。然而值得注意的是，随着第三产业代替第二产业逐渐成为支柱产业，第二产业的比重以及增速发生回落，而这一结果直接导致潜在增长率的下降，这也是我国经济动能放缓的主要原因。因此，在工业化快速发展阶段，第二产业的增加值占比上升是最迅速的，规模增长也是最快的。而随着经济动能的转换，当第二产业的基础设施无法顺利转化为第三产业的发展时，产能过剩的矛盾就逐渐显现出来。

工业化发展中后期（2008 年全球金融危机至今），

我国经历了消费升级，居住消费、耐用消费品的消费与日俱增，第三产业占比逐渐超过第二产业。然而值得注意的是，第三产业的发展是第二产业的成果转化而来的。随着旧的经济增长点变弱，新的增长点还没有培育，第三产业的发展也尽显疲软。当前面临的挑战在于，我国虽然自改革开放以来深度参与了全球化的发展，但服务出口规模较小，能够支撑第三产业进行产业升级的动能逐渐趋缓。而在工业化发展中早期积累的第二产业逐渐显现出产能过剩的现象，导致第三产业的发展与第二产业存在不适配的风险。传统的以投资带动经济增长的空间不足，需要尽快建立以创新带动发展的经济增长模式。

表 3-1 展示了 2021 年我国与美国的产业结构对比。从增加值来看，我国第二产业的增加值已经超过美国，大约是美国的 2 倍，其中制造业的增加值是美国的 1.8 倍。而我国 GDP 仅是美国的 74.2%，第三产业的增加值仅有美国的 46.6%。从三大产业的占比来看，我国在经历快速发展的 40 年后，产业结构实现了显著升级，第三产业占比已经上升至 53.3%，然而与美国第三产业相比，仍然存在一定的差距，美国的第三产业占比高达

84.9%。与此同时，美国第二产业的占比仅为14.0%，而我国第二产业占比仍然高达39.4%。

表3-1　2021年中美生产总值规模与结构

	增加值·（10亿美元）		中国/美国（%）	构成（%）	
	中国	美国		中国	美国
第一产业	1 164.64	246.45	472.6	6.8	1.1
第二产业	6 729.92	3 227.63	208.5	39.4	14.0
工业	5 560.83	2 268.83	245.1	32.6	9.9
采矿业	353.66	283.66	124.7	2.1	1.2
制造业	4 683.54	2 563.32	182.7	27.4	11.1
建筑业	1 196.10	958.8	124.7	7.0	4.2
第三产业	9 099.70	19 522.01	46.6	53.3	84.9
交通运输、仓储和邮政业	702.41	642.57	109.3	4.1	2.8
信息传输、软件和技术	656.07	1 300.69	50.4	3.8	5.7
批发和零售业	1 649.14	2 768.5	59.6	9.7	12.0
住宿和餐饮业	266.46	643.79	41.4	1.6	2.8
金融业和房地产业	2 125.45	4 885.03	43.5	12.5	21.2
总计	17 069.70	22 996.09	74.2	100	100

资料来源：国家统计局，美国商务部经济分析局.

　　（三）"双循环"新发展格局是对出口导向发展战
略的修正和调整

　　"双循环"新发展格局是对党的十三大以来逐步形成
的"国内经济循环转向国际经济大循环""以加入国际经
济大循环促进国内市场化大循环"的出口导向发展战略
的全面修正和总体调整，具有历史发展的必然逻辑基础。
自 20 世纪 80 年代以来，中国成功抓住了新一轮全球化
的浪潮，成功制定了"依赖国际大循环开启国内市场化
改革，构建内部市场化大循环"的外向型发展战略，取
得了中国经济持续 40 年高速增长的奇迹。但是，随着
2008 年全球金融危机的爆发和全球化进程的变异，这种
外向型发展战略所依赖的世界经济发展模式、总体结构、
治理体系和运行规律都发生了剧烈变化。依赖国际大循
环的出口导向发展战略难以适应新格局、新模式和新使
命的要求，开始呈现种种弊端。一是全球化红利的递减
和分配模式的巨变导致全球化发展的动能大幅减弱，中
国经济外需出现严重萎缩，要求中国必须将经济发展的
动能从"出口—投资"驱动模式转向"内需—创新"驱
动模式。二是大国冲突带来的技术"卡脖子"问题，要
求中国技术发展必须从"引进—移植—模仿—消化"向
基础研发和集成性自主创新模式转变。三是"两头在外"

贸易模式使中国难以摆脱全球价值链的约束，存在陷入比较优势的低水平陷阱之中的危险。构建新的国际合作模式和国际竞争力要求中国必须全面强化国内分工体系升级，形成"以内促外"的新格局。四是内部经济循环的不畅通、分割化和碎片化难以支撑国际竞争力的全面快速提升，进一步开放需要内循环的全力支持。对于国内经济循环所面临的断点、堵点，我们必须要有一个系统性方案，特别是在资本形成效率提升、收入分配体系改革以及社会公共服务建设等方面，真正释放出第二轮的改革红利。五是简单开放战略不仅难以肩负中国高质量发展的动力，反而成为中国经济循环的动荡源。

"双循环"的战略出台很重要的背景就是目前中国生产力的进步，必须通过内部创新体系的完善，即内部经济大循环所带来的基础创新、商业创新、集成创新等方式才能实现。"以外为主，以外促内"的外向型发展战略已经完成了其历史使命，新时期中国大国崛起、民族复兴必然要求对这种战略进行调整，方能继续为人类技术进步、为下一轮的产业革命提供中国力量与中国方案。①

----

①　刘元春. 中国经济再出发：理解双循环战略的核心命题. 金融市场研究，2020（9）：27－33.

二、"双循环"的理论与实践基础

（一）理论基础：新发展格局是遵循现代大国经济崛起的一般规律的产物

从当前全球生产网络体系下的资本循环来看，发达国家借助全球价值链的主导地位建立"中心—外围"的生产网络体系，我国只能承担起标准化的生产环节。随着全球产业升级以及其他发展中国家比较优势的显现，我国大规模标准化的生产模式难以适应逐步演变的个性化需求。这不仅是我国作为一个世界大国所面临的依附于发达国家的价值链生产出现的挑战，也是我国国内生产环节与需求环节存在的结构性矛盾的集中体现。在改革开放以来国际大循环主导的工业化进程中，我国不仅存在较高的进出口依存度，同时关键技术也高度依赖进口。我国改革开放初期，工业化进程正呈现明显的上升趋势，我国在国际大循环的推动下迅速成为全球价值链中不可或缺的一环。尽管同样是依附于发达国家创造的"中心—外围"的循环模式，但是当时国内经济矛盾与当前所面临的挑战存在显著的差异。改革开放初期的中国需要解决的主要矛盾是实现快速的经济发展与工业化，利用国际大循环可以帮助我国迅速以大规模社会生产的体系、标准的产业化模式带动国内循环的畅通流动，并借助强劲的外需带动国内技术的快速发展与经济发展。然而，当我国建立成熟的工业化体系后，加之工业化快速发展过程中较低的劳动力成本不复存在，在当前的国际大循环的生产体系下我国产生的边际收益显著下降，我们因此需要重新审视过去的国际大循环主导的发展格局。

结合我国的经济发展路径以及大国的一般崛起规律，相较于基于改革开放基本国策发展起来的国际大循环主导的发展格局，以国内大循环为主的"双循环"发展格局具有以下战略必要性。

第一，新发展格局是遵循现代大国经济崛起的一般规律的产物。包括英国、美国、德国、日本在内的大国经济史都表明，在市场经济体系下，任何经济大国的成长都会经历由弱到强、由"以外促内"转向"以内促外"的必然调整，大国经济崛起最为关键的标志就是构建出安全、可控、富有弹性韧性、以内为主、控制世界经济关键环节的经济体系。我国从出口导向的发展模式转向强调内需拉动、创新驱动的发展模式，是符合大国经济发展历史规律的。

　　第二，随着逆全球化趋势的抬头以及长期受制于发达国家建立的全球价值链中制造的技术壁垒，我国制造业发展或将面临显著瓶颈。自加入 WTO 以来，我国制造业增加值占 GDP 的比重经历了短暂的上升后开始下降。虽然我国是全球制造业大国，但与发达国家不同的是，我国制造业仍然局限于全球价值链的中低端市场，且极大程度上依附于全球价值链的演变，一旦受到国际负面冲击，制造业的发展将受到明显的阻碍。

　　制造业是一个国家重要的经济增长动能，然而值得注意的是，对于不同国家及其不同发展阶段，基于制造业发展形成经济增长动能的模式有所不同。如图 3-2 所示，发达国家中，美国和英国制造业增加值占 GDP 比重较低，美国制造业增加值占比从 1997 年的 15％ 下降至 2020 年的 11％。美国制造业增加值比重较低，却能保持较高的 GDP，是由于其作为国际中心依托资本全球化在全球价值链中获得较高的利益分配。而发达国家中的德国、日本与韩国，作为制造业强国，则始终保持较高的制造业增加值占比，在近 30 年也维持相对平稳的趋势，德、日制造业增加值占比保持在 20％ 左右，而韩国则保持在 25％ 左右的水平。因此，德、日、韩三国是基于高

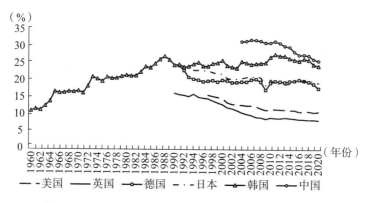

图 3 - 2　1960—2020 年各国制造业增加值占 GDP 比重

资料来源：世界银行.

端制造业技术水平获得较高的利益分配的，这说明一国
高端制造业对国家进入高等收入国家行列具有重要作用。
中国制造业增加值占比虽然在加入 WTO 后上升至高点
32％，但随后开始逐渐下降至 2020 年的 26％，在 12 年
间下降了 6 个百分点。与其他发达国家相比，下降速度
较快，这也是我国长期处于全球价值链低端位势所
致——容易受到国际大循环的影响，无法支撑长期的制
造业发展势头。我国经济虽然在过去 40 年间经历了快速
增长，但仍然面临着产业升级不足以及核心技术的掣肘
问题，无法实现将产业链向外转移的战略选择，同时这
种战略未来大概率会面临诸多挑战。

　　第三，社会化大生产已经无法适应当前逐渐演变的

需求结构，个性化需求的崛起很容易形成产能的大范围过剩。而我国作为超大需求市场的存在，考虑到多变的全球经济格局，亟须依托国内大市场建立灵活且具弹性的生产网络体系：一方面尽快转化当前过剩的产能，进而促进产业升级以及提升居民收入水平；另一方面尽快满足国内逐渐多样化且多变的需求结构，解决当前面临的供给与需求之间存在的结构性矛盾，促进我国消费潜力的释放。我国需求市场的满足以及供需之间在未来较长时间形成动态均衡的过程将决定我国未来的经济动能以及增长质量。而新发展格局将围绕着我国存在的生产环节堵点与供需矛盾揭开我国高质量发展的序章。

（二）实践基础：外向型发展战略转型的伟大成就

过去 10 多年，外向型发展战略转型已经取得了十分良好的效果。

一是外贸依存度从 2006 年的 63% 下降到 2021 年的 34%，下降了近 30 个百分点；

二是贸易顺差从最高的 9.7% 下降到 2020 年来的 2%~3%；

三是加工贸易比重大幅下降，劳动密集型产品占比大幅下降，出口国集中度大幅下降；

四是内需特别是消费在经济增长中的贡献度大幅提升，平均水平超过 70％；

五是技术转让力度下降，国内技术创新成为出口竞争力提升的关键；

六是国内营商环境、创新环境以及市场秩序得到前所未有的改善，中国大市场效应开始全面显化。

这六大方面的成就充分说明新时期以来"由外向内"的战略调整和理论深化具有十分坚实的政策和实践基础。①

第二节　构建新发展格局的科学内涵

一、新发展格局是开放的国内国际双循环

新发展格局不是封闭的国内循环，而是开放的国内国际双循环。从经济学意义上分析，国内大循环是以满足国内需求为出发点和落脚点，以国内分工体系和市场体系为载体，以国际分工和国际市场为补充和支持，以国民经济循环顺畅、国内分工不断深化、国家技术水平不断提高为内生动力的经济循环体系。国际大循环是以国际分工和国际市场为基础，以国际产业链和价值链为

---

① 刘元春. 中国经济再出发：理解双循环战略的核心命题. 金融市场研究，2020（9）：27－33.

依托，以国际贸易、国际投资和国际金融为主要表现形式，各经济体基于比较优势相互竞争、相互依存的经济循环体系。在经济全球化的大背景下，国际大循环必然与各国经济循环相对接，各国经济也需要在开放中利用国际国内两个市场、两种资源才能实现更好的发展。新发展格局以国内大循环为主体，并不意味着不重视对外开放，也不意味着要挤压或放弃国际大循环，而是在更高水平融入国际经济循环体系的同时，从我国国情出发，遵循大国经济发展规律，以畅通国民经济循环为主构建新发展格局，以国内分工和技术创新的发展推动国际分工和国际技术创新的发展。①

新发展格局是以往发展战略的一脉相承，但又是应对百年未有之大变局的创新构想。"双循环"战略的建立是基于我国历经改革开放 40 多年的伟大成就，对当前世界变局的经济战略调整，因此，"双循环"战略同时也体现了应对新时代挑战的新思路。具体来说，"双循环"是开放的国际国内双循环，但同时是以国内大循环为主。与过去以国际大循环为主的战略思想不同，以国内大循

① 刘元春. 深入理解新发展格局的丰富内涵. 山东经济战略研究，2020（10）：30 - 33.

环为主意味着弱化以西方国家为主建立起的国际大循环对本国的影响。自改革开放以及加入 WTO 以来，我国经历了快速的工业化发展，但与此同时，值得注意的是，在参与全球化的快速发展过程中，我国始终处于世界加工厂的地位，在全球价值链中处于相对较低的价值阶段。作为世界工厂，我国在加入社会化大生产的过程中虽然迅速加快了工业化的发展进程，但同时也显现出极大程度上依附于全球化大生产链条的弊端。例如，2008 年全球金融危机爆发，由于我国也处于金融全球化的价值链条中，西方各国的金融危机很快通过金融市场传导至我国，与此同时，全球市场的需求萎缩也使得我国出口严重受挫，不仅如此，西方各国非常规货币政策也在一定程度上损害了我国货币政策的独立性。中美贸易战以及 2020 年暴发的新冠疫情，都在不同程度上展现了在遇到全球性冲击时，全球价值链的扰动对我国国内经济的严重影响，并体现在国内循环体系的各个方面，首当其冲的是生产环节。在我国参与全球价值链的社会化大生产过程中，工业化初期是受益最明显的阶段，快速的技术引进以及资本引进迅速提升了国内各产业的资本有机构成，使得很多重工业以及轻工业的生产经历了从无到有的过程，与此同时，国际市场的需求也极大程度上促进了我国的出口增长。在技术与资本引进以及出口带动的过程中，我国深度参与到全球价值链的循环中，以国际大循环为主的经济增长模式确实在初期带来了显著的规模效应。然而，中美贸易战的爆发以及新冠肺炎疫情的冲击都值得我们深刻反思依附于国际循环的种种风险。生产技术实现有效突破以应对全球冲击造就的脆弱性是目前面临的主要挑战，以国内大循环为主的经济增长体系的建立刻不容缓。然而，值得注意的是，新发展格局下的"双循环"战略依然是开放的国内国际双循环。我们认为，在我国逐步进入工业化中后期之际依旧依附于国际大循环存在诸多弊端，但我们并不否认国际大循环的参与在任何时候都具有显著的价值。在畅通国内大循环并确立成熟的国内经济增长动力的同时，仍然需要国际循环的配合与协同，以进一步实现经济的快速增长与经济转型。

二、新发展格局是新发展阶段对发展战略的提升和深化

新发展格局不是对过去发展战略的否定，而是在新发展阶段对发展战略的提升和深化。改革开放以来，我

国经济快速发展、综合国力大幅提升，为构建新发展格局奠定了坚实的供给基础、需求基础、制度基础、实践基础、理论基础，提供了战略窗口期。新发展格局是党中央顺应经济发展规律，着眼于发挥我国具有全球最完整且规模最大的工业体系、强大的生产能力、完善的配套能力、超大规模内需市场、投资需求潜力巨大等发展优势，根据我国发展阶段、环境、条件变化提出的，是对既有发展战略的提升和深化。换言之，新发展格局是高质量发展在新发展阶段的具体体现。构建新发展格局依然要坚持稳中求进工作总基调，坚持新发展理念，坚持以供给侧结构性改革为主线，坚定实施创新驱动发展战略、乡村振兴战略、区域协调发展战略等一系列重大国家战略。同时，在新发展阶段实现更高质量发展，也需要根据内外部环境的变化，围绕构建新发展格局进行新一轮的顶层设计和总体规划。因此，新发展格局具有继承与创新辩证统一的内涵和特征。①

　　新发展格局对以往战略的一脉相承性源于我国的经济政策是为应对不同发展阶段的挑战提出的针对性政策，

---

　　①　刘元春. 深入理解新发展格局的丰富内涵. 山东经济战略研究，2020（10）：30-33.

而新发展格局是党中央在新发展阶段新战略的新体现。新发展格局一方面是为了应对多变的国际经济局势，另一方面也是为了疏通国内循环的各个堵点。从社会总资本的循环理论来看，社会总产品的实现涉及生产、交换、分配以及流通等四个环节。这四个环节在我国现阶段的发展存在不同程度的堵点问题，而对于这些堵点的疏通是建立新发展格局的重要政策抓手，同时也是应对国际局势不确定性的有效手段，因此，新发展格局的一脉相承性体现在其既以以往政策为重要实现手段，也对既定政策提出了新的时代要求。具体来看，针对四个环节分别存在的堵点问题，党中央均已提出有效的应对政策，例如，生产环节的堵点问题体现为"卡脖子"技术与供给的质量问题，消费环节的堵点问题主要体现在需求与供给的结构性矛盾以及国内由于收入分配问题产生的内需不足，流通环节的堵点问题主要体现为国内流通体系的不完善导致的流通成本较高问题，分配环节的堵点问题主要体现为分配体系和社会保障体系的不健全以及由此导致的内需不足问题。与此同时，我国还存在一些行业的结构性矛盾，例如房地产高企的价格对消费能力的侵蚀、金融部门与实体部门的结构性矛盾、金融监管的效率与市场化之间的矛盾等。针对经济发展中存在的堵点，我国分别提出了加大技术创新力度、尽快实现技术自主的政策，供给侧改革的政策，乡村振兴以及区域协调发展等一系列战略。习近平总书记指出，当前阶段"畅通经济循环最主要的任务是供给侧有效畅通，有效供给能力强可以穿透循环堵点、消除瓶颈制约，可以创造就业和提供收入，从而形成需求能力"①。提高供给质量和效率，促进供给体系不断优化升级，不仅是解决当前需求和供给结构性矛盾的关键任务，也是畅通经济循环、强化国内大循环主体地位的主要依托。而提高供给体系的质量，要依托供给侧改革。供给侧改革涉及生产环节的各个方面，从生产技术的创新与突破到生产结构的调整和高效生产体系的搭建，都在致力于疏通国内当前面临的生产环节的堵点，而生产环节的畅通又决定着消费环节、流通环节以及分配环节的改善。党的二十大报告提出，过去十年，我们提出并贯彻新发展理念，着力推进高质量发展，推动构建新发展格局，实施供给侧结构性改革，制定了一系列具有全局性意义的区域重大战略，

---

① 习近平. 论把握新发展阶段、贯彻新发展理念、构建新发展格局. 北京：中央文献出版社，2021：484-485.

我国经济实力实现历史性跃升，国内生产总值从 54 万亿元增长到 114 万亿元，我国经济总量占世界经济的比重达 18.5%，提高 7.2 个百分点，稳居世界第二位；人均国内生产总值从 39 800 元增加到 81 000 元。谷物总产量稳居世界首位，制造业规模、外汇储备稳居世界第一。一些关键核心技术实现突破，战略性新兴产业发展壮大，载人航天、探月探火、深海深地探测、超级计算机、卫星导航、量子信息、核电技术、大飞机制造、生物医药等取得重大成果，进入创新型国家行列。[①]

三、新发展格局必须扭住扩大内需这个战略基点

内需是我国经济发展的基本动力。扭住扩大内需这个战略基点，就要把满足国内需求作为发展的出发点和落脚点，使生产、分配、流通、消费更多依托国内市场，提升供给体系对国内需求的适配性，形成需求牵引供给、供给创造需求的更高水平动态平衡；适应我国消费结构升级进程加快的趋势，既稳步提高居民收入水平、打通阻碍释放消费潜力的痛点和堵点，又积极扩大优质商品进口，满足不同类型人群的消费需求；用好积极财政政

---

① 习近平. 高举中国特色社会主义伟大旗帜 为全面建设社会主义现代化国家而团结奋斗——在中国共产党第二十次全国代表大会上的报告（2022 年 10 月 16 日）. 人民日报，2022 - 10 - 26.

策，扩大有效投资，加快新型基础设施建设，深入推进重大区域发展战略，加快国家重大战略项目实施步伐，促进技术进步和战略性新兴产业发展。在新发展格局中，供求平衡关系不仅体现在静态视角下供求的总量平衡，而且体现在适配性上的高水平动态平衡。①

提升内需是新发展格局的重要任务。随着我国发展战略逐步从以深度参与国际大循环为主转向以国内大循环为主，提升国内消费市场规模与消费能力就成为我国面临的首要挑战。在改革开放以及深度参与全球化的 40 年间，出口带动国内经济增长一直是我国一项重要的经济动能。国民经济在生产满足国际市场的消费资料以及生产资料的过程中不仅促进了我国国民经济的发展，也促进了我国投资水平的提升，然而，我国国内消费能力并没有在这个过程中实现同步水平的增长，这就形成了显著的内需不足的隐患。内需不足会给我国新发展阶段的经济发展带来以下问题：

第一，需求作为经济循环畅通的基础性环节，决定了社会总产品的实现问题。国内的需求包含了投资需求

① 刘元春. 深入理解新发展格局的丰富内涵. 山东经济战略研究，2020（10）：30-33.

与消费需求，最终落脚到居民的消费需求。内需不足意味着以供给侧改革为支点的生产环节的堵点疏通工作无法顺利推进。

第二，我国居民消费不足一直是内需不足的主要原因。随着国际形势的不确定性加剧，国际循环中国际市场的产能消化路径受阻，如果国内消费市场仍然乏力，就会对我国推进以国内大循环为主的经济循环战略形成显著的阻力，也即内需不足问题会降低我国应对外部环境冲击的能力。

第三，我国内需长期以来都面临消费结构问题。根据马克思社会总资本的循环理论，第二大部类的消费资料部类可以分为消费必需品与奢侈品，两种消费资料的比例决定了生产部类的规模增长效应；其现实含义在于，如果一国国民经济中的消费资料长期集中于消费必需品的消费，则会在一定程度上限制国民经济的增长动能。我国消费当前面临着低端消费能力过剩、高端消费能力不足的问题，对生产结构的调整也构成了一定的挑战。

对于我国内需不足的问题，我们需要分别从内需的总量与结构上进行调整。

　　首先，要从数量上提高居民收入水平。消费能力的不足主要来自可支配收入的不足。虽然我国人均 GDP 在过去 40 年间飞跃增长，但贫富差距的增大以及区域发展不平衡问题也带来诸多隐患。提升消费能力首先要提升就业，尤其是在国民经济受到新冠疫情冲击的情况下，保就业与保民生对我国恢复消费能力以及进一步提升消费需求有重要意义。就业是我国新发展阶段民生领域的核心问题。在新发展阶段，系统推进高质量就业，扩大内需，需要根据我国就业面临的挑战，以新发展理念引领就业优先战略的实施。另外，完善社会保障体系对我国提升消费能力也有重要的政策意义。

　　其次，从消费质量上来看，提升供给质量以提高人们的消费质量。提高消费质量，是消费需求高质量增长的内在要求。这就需要适应人们生活需要的变化趋势，从优化消费结构和提升消费层次等方面系统推进。

四、新发展格局必须抓住提升自主创新能力、突破关键核心技术这个关键

　　实践证明，只有把关键核心技术牢牢掌握在自己手里，才能建立起不受制于人的产业链供应链，畅通国内

大循环。我国经济总量的高速增长是实现中华民族伟大复兴的经济基础，而构建以国内大循环为主的新发展格局对我国技术创新提出了更高的要求。从要素供给来看，高质量发展要求我国持续提高自主创新能力，尤其是进行关键技术的突破，不断加快创新驱动对要素驱动、投资驱动的替代进程。我国一直在推动自主创新能力的提升，尤其是党的十八大以来，习近平总书记将创新看作"引领发展的第一动力"①，强调"中国要强盛、要复兴，就一定要大力发展科学技术"②。自改革开放以来，我国不断加大对科研经费的投入，然而值得注意的是，尽管如此，到了 21 世纪，我国技术创新仍然面临显著的短板，长期处于技术受制于人的局面。中美贸易战对我国的冲击更加凸显出自主创新能力对于一个大国经历经济转型的重要性。关键核心技术突破的重要性在于其能有效推动我国供给侧改革以及需求管理的诸多方面。

首先，可以有效畅通我国面临的生产环节的堵点。我国生产环节的堵点不仅体现在技术水平的受限，也体现在供给体系的低质量以及与需求的结构性失衡，而关

---

① 习近平谈治国理政：第二卷. 北京：外文出版社，2017：201.
② 习近平谈治国理政：第三卷. 北京：外文出版社，2020：246.

键技术的突破有助于我们从失衡的供求体系中挖掘到新的经济增长点，从而进一步促进高质量供给体系的搭建——从以关键技术为核心的产学研路径体系构建到长期高质量价值链的完善，再到消费质量水平提升。由此可见，关键技术的核心突破不仅能够让我们摆脱国际冲击带来的负面影响，也能促进国内高质量供给体系的搭建以及高质量工业化的完善，从而进一步加强国内经济应对外部环境的稳定性，同时促进我国顺利过渡到高质量发展的经济路径。

其次，从新发展格局的整体战略来看，自主创新能力的发展将起到关键作用。关键核心技术的突破将使我国产业的国际竞争力大幅提升、产品和服务的利润率显著提升，从而推动我国经济实现真正的质变，为彻底完成经济转型、实现社会主义现代化建设目标消除最主要的障碍。我国当前面临的"卡脖子"技术以及相关产业的研发投资薄弱的现状，其原因是复杂的，而能否突破一些关键技术的核心研发决定了我国国家安全、产业链稳定、经济发展等一系列经济发展问题。发达国家对本国技术的封锁对于我国经济发展在较长时期都存在巨大挑战，而技术的研发与迭代更新又面临着周期长、影响广的问题，这在客观上增加了我国突破核心技术的难度，尤其是在现代技术复杂程度不断加深的情况下，这就要求我们在各个方面加大对提升自主创新能力的投入。

五、构建新发展格局是一项全局性战略决策，也是一项着眼长久的战略决策

应当认识到，发展国内大循环，不是要让各地搞区域内循环或产业内循环，而是要促进各个地区、各种产业之间的分工协作和贸易流通，畅通整个国民经济循环。构建新发展格局，是应对中长期问题、重塑我国国际合作和竞争新优势的国家整体性战略决策，是事关全局的系统性深层次变革，是大国经济发展的客观要求，是应对世界百年未有之大变局在新冠疫情全球大流行情况下加速变化的必然选择，而不是应对某个局部、某一问题的被动之举。在理论和实践中，须从全国一盘棋的高度看待国内大循环，把新发展格局放在习近平新时代中国特色社会主义发展的战略安排中来把握。①

---

　①　刘元春. 深入理解新发展格局的丰富内涵. 山东经济战略研究，2020（10）：30－33.

第三节　构建新发展格局的经济逻辑

一、从马克思主义社会资本循环理论角度，来把握 确定国内经济大循环和国际经济大循环的内涵

国内经济大循环，是以满足国内需求为出发点和落脚点，以国内的分工体系和市场体系为载体，以国际分工和国际市场为补充和支持，以国民经济循环顺畅、国内分工不断深化、国家技术水平不断进步为内生动力的资源配置体系。国际经济大循环，则是以国际分工和国际市场为基础，以国际产业链和价值链为依托，以国际贸易、国际投资和国际金融为表现形式，以基于比较优势的各经济体相互竞争和相互依存为特点的经济循环体系。

（一）从国际大循环到国内国际双循环

新发展格局的构建体现了我国从深度参与国际大循环到以国内大循环为主的国际国内双循环的转变，循环模式的转变是基于大国的发展规律以及由我国当前面临的外部环境决定的。具体而言，从我国发展路径来看，国民经济正在经历由高速增长向高质量发展的转型，而国内仍然面临发展不平衡不充分的主要矛盾，国内循环

也存在诸多堵点；从国际环境来看，大国博弈加剧，经济全球化正面临深度退潮，全球价值链正在重新洗牌，经济安全与金融稳定性逐渐成为各国经济发展的重要焦点。无论是国内还是国外都面临着巨大挑战与机遇，以国际大循环为主的发展模式显然无法适应当前的变局，国内国际双循环是对当前困境的破题之举，也是我国保持开放发展的承前启后之举。双循环体系在本质上仍然是一个开放的体系，两大循环是有机融合的而不是相互对立的，与传统的"两头在外"的外向型发展战略相比，其在开放的方式、路径、落脚点、目标以及内外之间的关系上都进行了重大调整。

第一，在开放方式方面，新发展格局是布局我国高水平开放。不同于以往的依附于国际大循环的循环模式，高水平开放将以国内大循环为主，以畅通国内大循环为基点促进供给侧与需求侧的动态平衡，从而进一步实现我国的产业升级与经济增长。在依附于国际大循环的循环模式下，我国在全球价值链中的地位始终受制于以西方发达国家为主制定的国际规则。加入全球化的初始，我国只能通过较低的劳动力要素价格获得参与全球化大生产的机会；而在新发展格局战略规划中，我国将会在畅通国内大循环的基础上,通过"一带一路"等国际合作建立符合大多数国家共同利益的全球生产贸易模式,实现全球范围的经济共同发展。

第二,开放路径不同。新发展格局下的双循环,更加注重推动体制机制改革,引进吸收先进的科学技术;稳步推进人民币国际化,拓宽经贸合作领域;参与国际架构变革,完善全球治理。我国对外开放经历了从局部向总体、从低级到高级的开放。

第三,落脚点不同。新发展格局以扩大内需为战略基点。我国作为超大规模需求市场,扩大内需将是我国疏通国内大循环最有效的抓手。

第四,开放目标不同。我国的发展目标将从高增长转变为高质量。

第五,内外关系不同。新发展格局是以国内大循环为主体,国际国内双循环共同发展。

(二)以畅通国民经济循环为主构建新发展格局

新发展格局的核心是畅通国内循环,打通国内生产环节、分配环节、流通环节和消费环节的堵点,促进生产要素自由流动与资源优化配置,增强国内经济的内生动力。根据马克思资本循环理论,社会再生产的顺利进行需要实现物质补偿与价值补偿。从国民经济的流通来看，社会总资本的循环需要实现生产环节、分配环节、流通环节与消费环节的畅通，任何一个环节的堵点都会阻碍社会扩大再生产的顺利进行。我国经历了改革开放40多年的快速发展，经济社会发生了巨大变化，社会主要矛盾逐渐演变为人民日益增长的美好生活需要和不平衡不充分的发展之间的矛盾。与此同时，全球化的退潮与大国博弈的加剧对我国以国际大循环为主的循环模式提出了挑战，同时也促成了国内大循环诸多堵点的凸显。畅通国内循环的首要任务是识别并打通国内存在的诸多堵点。

在生产环节，一方面，突破关键技术的自主供给，摆脱技术"卡脖子"对高端产业形成的桎梏，是打通生产环节的关键。我国在技术追赶阶段追求技术进步的路径是"引进—消化—吸收—再创新"，技术创新以终端产品的集成创新为主，缺乏基础创新与自主创新。随着中美贸易战的爆发与西方国家和我国的技术"脱钩"，关键技术"卡脖子"现象迅速成为生产环节的主要堵点，"卡脖子"技术之多对我国向高质量发展转型形成明显的阻碍作用。另一方面，产业链的稳定供应也是生产环节畅通的重要因素。自加入 WTO 后，我国在全球价值链体系中的位势迅速提升，但长期处于世界工厂的加工地位，加之国际化大循环是以西方资本主义为核心的价值循环，我国的比较优势极易受到外部环境的冲击。近年来，中美关系紧张，要素成本上升，我国经历了几轮产业的外移，新冠疫情又带来了国际供应链上"去中国化"的问题，这给我国产业链的稳定性带来了新的挑战。

在分配环节，居民收入分配问题直接关系到我国内需潜在能量的释放。能否在供给侧改革的推动下，有效促成我国内需潜能的释放，居民收入分配问题起到了关键作用。分配环节面临的主要堵点问题在于收入分配差距较大。图 3-3 展示了我国不同收入水平者的人均年收入情况，将我国所有调查户家庭收入水平按照从低到高的水平排序，分别是低等收入水平、中低等收入水平、中等收入水平、中高等收入水平、高等收入水平。其中，2021 年，高等收入户人均可支配收入约为 8.6 万元，而低等收入户人均可支配收入仅为 8 000 元。中等收入户是未来消费增长与消费升级的核心力量，而新冠疫情的暴发进一步加剧了中低等收入户的收入滑坡，数量众多的中低等收入家庭对我国内需的影响不容小觑。

（万元）

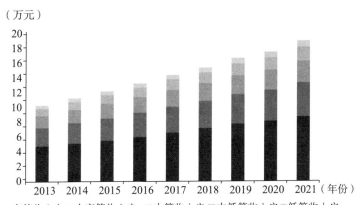

图 3-3　不同收入水平的人均可支配年收入情况

资料来源：国家统计局.

多种因素导致了我国不断扩大的收入差距。第一，城乡二元结构对劳动力的流动形成了明显的阻碍，城乡劳动力要素长期处于单向流动。第二，城乡土地二元制也限制了农村土地的增值收益。第三，我国居民初次分配占比下降，房地产与国民经济发展之间存在结构性失衡。房地产价格不断上涨，尤其是在诸多一线城市存在大量"炒房不住"的现象，房屋空置率较高，不同城市的房地产发展水平进一步加剧了贫富分化。

收入的不平等性是制约我国释放消费潜能的重要因素，基于可支配收入体现的贫富差距直接决定了不同收入水平的消费水平。图 3-4 展示了我国城镇居民与农村居民的消费增长以及基尼系数。从基尼系数来看，近年来我国基尼系数有所下降。在乡村振兴等供给侧改革措施的大力支持下，共同富裕政策稳步推进，城乡差距有所缓和。然而，值得注意的是，我国基尼系数仍然高于国际警戒线 0.4，这就意味着我国仍然存在显著的贫富差距。从城乡人均消费水平增长率来看，2010 年之后，农村居民人均消费水平增长率显著超过城镇居民。2010 年城镇居民与农村居民人均消费水平增长率相差不超过 1 个百分点，而在 2011 年二者相差高达约 6 个百分点，随后农村居民人均消费水平增长率始终显著高于城镇居民，平均每年高出 3 个百分点。即使在疫情期间的 2020 年以及 2021 年，农村居民人均消费水平增长也同样显著高于城镇居民。农村消费水平增长率的快速上涨固然体现了我国贫富差距的缩减，但同时需要警惕的是我国城镇消费水平增长率的放缓是我国内需长期不足的重要表现。中等收入群体是我国消费增长的核心动力，收入分配的缓和最终是以提升我国内需为目的，因此在调节收入分配的同时也应注重需求侧管理，促进我国内需质量的同步提升。

总之，收入分配的改革首先应注重初次分配的公平

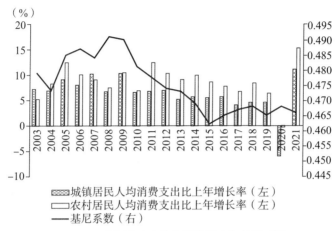

图3-4　城乡居民消费水平增长率与基尼系数

资料来源：国家统计局.

性，调整个人工资、企业利润与政府税收之间的比例关系；其次，优化再分配体系，完善对高收入群体以及资本收入的税收制度，征收房产税等；最后，完善社会福利体系，使低等收入群体充分享受社会保障。

在流通环节，流通费用与成本较高仍然是国内流通环节的主要堵点。随着我国产业现代化程度的不断提高，国内物流体系的搭建日益成熟，新技术与新生态不断涌现，但仍然存在现代化程度发展不够高、各种流通渠道的最后一公里未打通等问题，加之跨界公路收费较高，流通费用相较于发达国家仍然处于高位。流通环节决定了社会总产品实物实现的效率，高效畅通的流通有助于消费与生产的顺利运行，进而影响社会总资本循环的流通效率。此外，金融部门的要素流动受限，我国金融发展程度不高，资本市场存在明显的资金错配问题，而且金融资源存在的"脱虚向实"和"体内循环"问题没有解决。因此，金融不仅没有高效地服务于实体经济，反而由于缺乏有力的监管体系形成对实体经济的反噬风险，金融风险的应对也是近几年金融市场的关键问题。

在消费环节，我国消费率相较于其他发达国家严重不足，我国的内需不足主要体现在消费不足。图 3-5 展示了我国国内生产总值各部分的贡献率，其中进出口贸易（即货物和服务净流出）的贡献经历了先上升后下降的过程，体现了我国经济模式经历了由国际大循环到注重国内循环的模式变迁；投资（即资本形成总额）贡献率经历了稳步上升，疫情暴发之前占比 30%～50%；最终消费贡献率则缓慢下降。我国居民消费能量释放不足的原因：一方面，国内贫富差距在经济快速发展的 40 年间有所拉大；另一方面，我国居民杠杆率①较高，较高的房价侵蚀着居民的消费潜力。

---

① 居民杠杆率指居民负债与居民收入的比率。

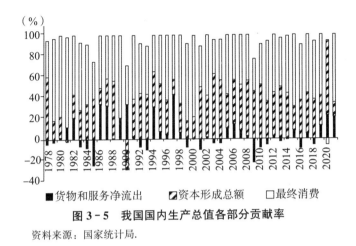

图 3-5　我国国内生产总值各部分贡献率

资料来源：国家统计局.

（三）供给侧结构性改革是畅通大循环的核心

国内经济大循环的四个环节虽然彼此联结、相互贯通，对循环畅通起到几乎同等作用，但生产环节依然具有先导性和决定性作用，因此，供给侧结构性改革依然是大循环畅通改革的核心。我国生产环节当前存在以下堵点：第一，关键技术遭遇"卡脖子"困境；第二，供给侧存在三大结构性失衡，分别是实体经济内部结构性失衡、实体经济与金融部门的结构性失衡、房地产与国民经济协调发展的结构性失衡；第三，产品与市场结构升级面临的产能过剩问题。生产环节存在的堵点问题不仅限制我国建立高质量发展的国内产业体系，同时也阻碍了分配环节、流通环节、消费环节的顺利打通。例如，我国消费环节面临的堵点之一在于高端产品供给不足、低端产品产能过剩的困境，这一结构性失衡则需要通过供给侧改革打通关键技术壁垒，以及建立现代化的生产网络促成产品升级。同样，供给侧三大结构性失衡不同程度地制约着其他环节的通畅。实体经济内部的结构性失衡体现在产品供给、制度供给以及企业供给的失衡，对我国分配环节、消费环节起到重要的影响作用；金融部门与实体部门的结构性失衡决定着我国分配环节中是否存在资本收入过高的趋势；房地产与国民经济协调发展的失衡决定着也显著影响着我国分配环节中的贫富差距，而且过高的房价侵蚀消费潜力，阻碍了消费环节顺利打通。

深化供给侧改革，关键要实施以下措施：第一，加强自主创新能力，加快科技自立自强；第二，借助乡村振兴战略促进形成长期增长的内生动力；第三，构建企业生产网络，形成以内循环为主的供给体系，适应结构多变的需求体系；第四，加强金融市场的供给侧改革。

（四）以扩大内需为战略基点

"十四五"时期构建新发展格局，要把实施扩大内需战略与深化供给侧结构性改革有机结合起来，持续增强经济循环动力，努力形成需求引领供给创新、供给创造提升需求的更高水平的动态平衡。要明确社会再生产的矛盾运动不仅体现在价值总量的匹配，还体现在产品结构性匹配；不仅体现在静态总量与结构的匹配，还体现在动态扩展的匹配。因此，国内大循环的贯通需要多维度调整和改革。

党的二十大报告指出，我们要坚持以推动高质量发展为主题，把实施扩大内需战略同深化供给侧结构性改革有机结合起来，增强国内大循环内生动力和可靠性，提升国际循环质量和水平，加快建设现代化经济体系，着力提高全要素生产率，着力提升产业链供应链韧性和安全水平，着力推进城乡融合和区域协调发展，推动经济实现质的有效提升和量的合理增长。①

加快构建新发展格局要以供给侧结构性改革为主线，并与需求侧管理有机结合，其落脚点在于建设现代化经济体系，畅通国民经济循环的生产、分配、流通和消费，形成需求牵引供给、供给创造需求的更高水平动态平衡。与发达国家相比，我国的消费能力明

---

① 习近平. 高举中国特色社会主义伟大旗帜 为全面建设社会主义现代化国家而团结奋斗——在中国共产党第二十次全国代表大会上的报告（2022 年 10 月 16 日）. 人民日报，2022 - 10 - 26.

显不足。图 3-6 给出了中美社会消费品零售总额与人均消费情况。从总量来看，自 2008 年以来，我国社会消费品零售总额的增速显著高于美国，到 2021 年中美社会消费品零售总额相差无几。2021 年美国社会消费品零售总额为 7.4 万亿美元，我国是 6.8 万亿美元，相差不足 1 万亿美元，而在 2008 年之前两者相差高达 4 万亿美元。然而，虽然总量上看相差不多，但我国人口几乎是美国人口的 4 倍，这就体现了我国国内消费的严重不足。从人均消费品零售来看，2021 年美国人均消费品零售是我国的 5 倍。

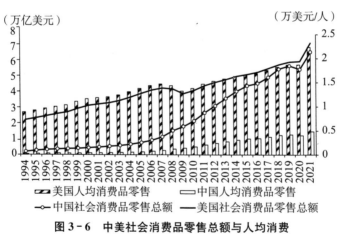

图 3-6 中美社会消费品零售总额与人均消费

资料来源：国家统计局，美国商务部经济分析局.

二、充分运用生产力与生产关系等基本政治经济学原理来梳理双循环新发展格局战略的基本命题和核心内容

(一)判断战略调整的核心标准应当坚持生产力标准

中国经济发展战略到底是"以国际经济大循环为依托,以外促内",还是"以国内经济大循环为主,以内促外",必须根据中国分工体系和技术发展的阶段和需要来进行判断,必须以是否有利于生产力进步、有利于综合国力提升和国民福利改进为标准。当前提出双循环新发展格局战略很重要的原因,就在于"两头在外"的外向型战略在国际大循环动能减弱、贸易战技术战全面爆发、民族主义和孤立主义全面兴起的大变革时代,不仅难以快速提升中国的生产力、综合国力和人民生活,反而成为中国快速发展的新制约因素。图3-7展示了各国全要素生产率,其中美国的全要素生产率为1;中国与印度作为发展中国家,全要素生产率显著低于其他发达国家,2019年中国全要素生产率仅为0.5。

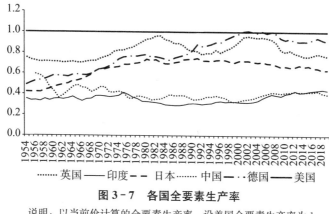

图 3-7 各国全要素生产率

说明：以当前价计算的全要素生产率。设美国全要素生产率为 1。

资料来源：PTW 数据库.

（二）外部环境变化的趋势性与必然性——资本的逐利本质

近年来，以中美贸易战为焦点的去全球化浪潮逐渐显现，以美国为首的发达国家对外的经济政策出现了明显转变，它们不再推崇新自由主义的全球秩序，取而代之的是对贸易保护主义的倡导，对外进行贸易保护，对内进行"再工业化"促使资本回流。由于当今全球化的版图是建立在西方发达国家领导的资本全球化的基础上，因此，这一去全球化趋势也迫使全球价值链在未来较长一段时间内发生重建。从全球资本的逐利属性与国家属性来看，西方发达国家从新自由主义到贸易保护主义的转变是必然，无论是第二次世界大战以后对新自由主义的倡导还是当前对贸易保护主义的推崇，无不体现着资本主义国家进行资本扩张的企图。第二次世界大战后，西方发达国家为了进一步追求利润，资本逐渐从本土向全球扩张，试图通过建立一个全球化生产网络以实现在全球范围内追逐利润，一个需要有利于自由贸易与生产要素自由流动的全球治理体系应运而生，新自由主义就是在资本逐利的目的下诞生的。马克思在《关于自由贸易问题的演说》中提到，"在现代的社会条件下，到底什么是自由贸易呢？这就是资本的自由。排除一些仍然阻碍着资本前进的民族障碍，只不过是让资本能充分地自由活动罢了。不管商品相互交换的条件如何有利，只要雇佣劳动和资本的关系继续存在，就永远会有剥削阶级和被剥削阶级存在。那些自由贸易的信徒认为，只要更有效地运用资本，就可以消除工业资本家和雇佣劳动者之间的对抗，他们这种妄想，真是令人莫解。恰恰相反，这只能使这两个阶级的对立更为显著"①。从马克思的论述中，我们可以看出，无论是资本全球化还是金融全球化，20世纪80年代后的全球化体系都是为了实现资本

---

① 马克思恩格斯选集：第1卷. 北京：人民出版社，1995：227.

主义国家的资本扩张与逐利行为。不可否认的是，贸易全球化确实为很多发展中国家带来了新的经济增长机遇，在参与全球化大生产的过程中也促进了本国工业化进程的推进。然而需要注意的是，正如马克思所言，发达国家实施自由贸易更多是为了实现其资本扩张的目的。随着越来越多的发展中国家加入全球贸易，美国等国家的资本扩张顺利展开，金融全球化的发展则进一步加剧了发达国家对超额利润的攫取，加之美元的世界储备货币地位，美国不断通过控制汇率降低本国企业的生产以及贸易成本。

发达国家的资本不仅具有资本的一般属性，还具有主权国家的属性，这就意味着资本全球化的过程不只体现价值增值的追逐行为，同时也代表了资本所属国家的战略意图。20 世纪 80 年代，我国作为新兴的发展中国家，拥有广阔的土地资源与自然资源以及低廉的劳动力成本，全要素生产率较低，生产技术与工业化落后。对于美国来说，我国作为一个没有"竞争力"但却拥有低廉劳动力成本的国家，非常适合被纳入其称霸全球的价值链体系中。而当我国在积极参与全球化的过程中实现了经济的飞速成长时，发达国家逐渐开始警惕我国在国际社会的崛起，再次提出贸易保护主义以防止动摇其全球统治地位。

资本全球化的逐利属性不仅体现在以本国资产阶级利益为主对全球价值链的翻云覆雨以及对国际规则的随意制定上，也体现在金融全球化过程中对外围国家的利益侵蚀上。图3-8展示了美国对主要贸易伙伴的贸易余额。美国凭借全球贸易中心与金融中心的地位，可以保持长达40年的贸易赤字。而它通过持续不断地发行国债，得以长期维持消费大于生产的经济模式。全球经济失衡是长期的、结构性的，是由美元本位制决定的。资本主义经济危机是资本主义发展规律下的必然结果，美国资本全球化并不能解决资本积累带来的矛盾。2008年爆发于美国进而蔓延至全球的金融危机，甚至包括美元霸权下美国政策的外溢，都是美国资本主义危机对全球侵害的表现。美国等发达国家主导的全球化是"不对称"的全球化，通过对全球价值链中其他国家进行技术封锁与垄断、政策压制与主导，使得其他发展中国家始终处于全球价值链的中低端市场。在面临百年未有之大变局之际，我国逐渐从依附国际大循环的模式中脱离，建立国内大循环为主、国际国内双循环的新发展格局是对资

本主义国家主导的全球治理体系的一种反抗，更是重新
建立我国在全球治理体系中国际地位的战略起点。

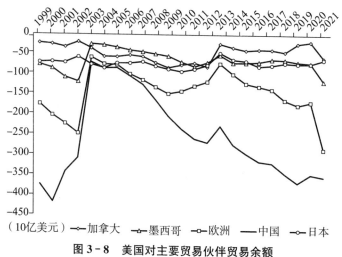

图 3 - 8　美国对主要贸易伙伴贸易余额

资料来源：国家统计局，美国商务部经济分析局.

（三）生产关系的调整——基本经济制度和治理能
力的完善

纵观全球各国发展路径，很多国家在进入中等收入
阶段后陷入长期停滞，也就是所谓的"中等收入陷阱"，
究其原因是这些国家在进入发展新阶段后，既有的经济
体制与发展方式无法适应已经发生变化的经济系统，从
而产生了生产关系与经济基本环境的结构性矛盾，无法
通过定位新的经济增长点来实现进一步的收入增长。百

年未有之大变局之际，我国同样面临"中等收入陷阱"的风险。

随着我国进入新的经济发展阶段，我国迎来发展新常态，经济发展开始出现一些新的特点：

第一，我国工业化发展已经进入中后期，第二产业的产能过剩问题与第三产业面临的产业升级挑战都对我国当前的经济治理体系提出了新的要求。

第二，大国博弈愈演愈烈的背景下，全球价值链重新洗牌，我国面临着由外向型发展的循环模式向国内循环为主的双循环发展模式的转变，对我国当前的产业转型提出了新挑战。

第三，自 2008 年全球金融危机以来，我国虽然积极实施宏观政策进行经济调控，但仍然不可避免地由于增速换挡而面临逐渐趋缓的经济增长，与此同时，诸多结构性失衡问题逐渐显现，例如实体经济与金融发展的失衡、房地产市场过热与国民经济协调发展的失衡。

第四，约束经济增长的基本条件发生变化。供给侧方面，要素成本价格逐渐上升，包括劳动力要素以及能源等生产要素，不再具有核心竞争力；需求侧方面，国内外需求疲软逐渐替代以往较高的需求市场，我国经济因此面临着从要素投入带动经济发展转变为生产效率与全要素生产率上升带动经济增长的局面。

以上所有问题都将显著影响我国经济资源配置效率。一切生产关系变革和制度创新的根本目的在于解放生产力和发展生产力。生产关系的调整不仅体现在生产、分配、流通和消费等环节的改革和梳理，更为重要的根源在于基本经济制度和治理能力的完善。双循环新发展格局必须通过深化改革激发新发展活力。

党的二十大报告明确提出，我们要构建高水平社会主义市场经济体制，坚持和完善社会主义基本经济制度，毫不动摇巩固和发展公有制经济，毫不动摇鼓励、支持、引导非公有制经济发展，充分发挥市场在资源配置中的决定性作用，更好发挥政府作用。建设现代化产业体系，坚持把发展经济的着力点放在实体经济上，推进新型工业化，加快建设制造强国、质量强国、航天强国、交通强国、网络强国、数字中国。全面推进乡村振兴，坚持农业农村优先发展，巩固拓展脱贫攻坚成果，加快建设农业强国，扎实推动乡村产业、人才、文化、生态、组织振兴，全方位夯实粮食安全根基，牢牢守住 18 亿亩耕地红线，确保中国人的饭碗牢牢端在自己手中。促进区域协调发展，深入实施区域协调发展战略、区域重大战略、主体功能区战略、新型城镇化战略，优化重大生产力布局，构建优势互补、高质量发展的区域经济布局和国土空间体系。推进高水平对外开放，稳步扩大规则、规制、管理、标准等制度型开放，加快建设贸易强国，推动共建"一带一路"高质量发展，维护多元稳定的国际经济格局和经贸关系。①

---

① 习近平. 高举中国特色社会主义伟大旗帜 为全面建设社会主义现代化国家而团结奋斗——在中国共产党第二十次全国代表大会上的报告（2022 年 10 月 16 日）. 人民日报，2022－10－26.

第四章

构建新发展格局的
实施路径

第一节 明确理论关键含义，摒弃理论噪声

一、双循环新发展格局兼具开放性和整体性

"以国内大循环为主体"可以融入各种国外经济主体和要素，而非封闭的循环，更非与国际产业链"脱钩"。

习近平总书记强调，新发展格局绝不是封闭的国内循环，而是开放的国内国际双循环。推动形成宏大顺畅的国内经济循环，就能更好地吸引全球资源要素，既满足国内需求，又提升我国产业技术发展水平，形成参与国际经济合作和竞争新优势。①

以国内大循环为主体绝不是闭关锁国，也不是简单的出口转内销，而是立足国内消费转型升级，以国内完整分工体系为依托，以生产、消费、分配、流通等多环节全面顺畅为核心要点，通过创新驱动和供给侧结构性改革，打通我国经济循环当中的堵点和断点，使得我国经济能够实现静态和动态的资源配置，同时能够构建以

---

① 习近平.关于《中共中央关于制定国民经济和社会发展第十四个五年规划和二〇三五年远景目标的建议》的说明.新华社，2020-11-03.

内促外的新的竞争力。①

所谓国内经济大循环，是以满足国内需求为出发点和落脚点，以国内的分工体系和市场体系为载体，以国际分工和国际市场为补充和支持，以国民经济循环顺畅、国内分工不断深化、总体技术水平不断进步为内生动力的资源配置体系。而国际经济大循环则是以国际分工和国际市场为基础，以国际产业链和价值链为依托，以国际贸易、国际投资和国际金融为表现形式，基于比较优势的各经济体相互竞争、相互依存的经济循环体系。

因此，并非如有些观点所认为的，国际经济大循环等同于自由的经济循环，国内经济大循环等同于封闭的经济循环。事实上，各种国外的经济主体和要素都可参与到中国国内经济大循环之中，只要其落脚点在于中国国内分工和国内市场的资源配置，其目的在于满足中国国内需求和提升国内的生产力与竞争力。国内经济大循环需要与国际经济大循环相对接，国内经济大循环需要在开放中利用国内国际两个市场、两种资源。国内经济大循环与国际经济大循环不是进行简单联通，而是在全

---

① 刘元春.“十四五”，我国应构建“以内促外”新竞争力.企业观察家，2021（2）：26-27.

面联通的基础上，形成以国内大循环为主体、国内国际
双循环相互促进的新发展格局。这个双循环体系本质上
是一个开放的体系，但与传统"两头在外"的外向型发
展战略相比，在开放的方式、路径、落脚点、目标以及
内外之间的关系上都进行了重大调整。①

既要强调"以国内大循环为主体"，又要牢记"国内
国际双循环相互促进"，不能只顾内循环。

国务院参事室特约研究员、国家统计局原总经济师
姚景源认为，站在新的发展起点上，新发展格局不是有
内无外，也不是有外无内；以国内大循环为主体，不等
于只要国内大循环，绝不是关起门来搞封闭运行，而是
需要开放的国内国际双循环。两者包含着相互渗透的供
给侧和需求侧，包含着深度耦合的供应链、产业链、价
值链和创新链，各有侧重，缺一不可。②

2021 年，商务部发布《关于围绕构建新发展格局做
好稳外资工作的通知》，明确指出，要扩大高水平对外开

---

① 刘元春. 深入理解新发展格局的科学内涵. 山东经济战略研究，
2020（11）：44-45.

② 王卓. 新优势：开放怎样高水平. 中央纪委国家监委网站，2020-
09-02.

放，吸引更多优质外部要素资源促进国内大循环。①

二、双循环新发展格局不是泛化概念

双循环新发展格局指的是，关于加快形成以国内大循环为主体、国内国际双循环相互促进的新发展格局的理论，而不是任何一个和内循环、外循环、发展相关的事项或举措都属于双循环新发展格局。构建双循环新发展格局的关键在于，国内国际双循环的畅通无阻，要打通产业链、供应链，形成国内外循环的双重良性循环；要全面准确地理解双循环新发展格局，而不能将"内循环"等同于双循环新发展格局，也不能用"双循环"简单代表双循环新发展格局，避免概念的泛化和曲解才能避免路径和战略的偏误。

三、构建双循环新发展格局的战略要做到长期化、战略化、全局化

新发展格局是根据我国发展阶段、环境、条件变化提出来的，是重塑我国国际合作和竞争新优势的战略抉择。因此，这一战略抉择本质上是一次适应百年未有之大变局加速调整、国内高质量发展步入新阶段、国内发

---

① 商务部印发围绕构建新发展格局做好稳外资工作的通知．中国证券报，2021-03-01.

展主要矛盾出现新现象和新规律的必然战略调整和战略再定位，而不是在偶然事件冲击下的应急措施；是新阶段中国发展内外部因素综合作用的内生产物，而不是单纯外部条件影响形成的。它不仅关乎我国如何在百年未有之大变局中构建强大的经济基本盘，更关乎中华民族伟大复兴能否在第二个百年奋斗目标开局之际打下坚实的经济基础。因此，在理论和实践中，必须把它放在社会主义现代化建设的长时段战略框架中进行把握。①

构建新发展格局，是根据我国发展阶段、环境、条件变化作出的战略决策，是事关全局的系统性深层次变革。改革开放以来，特别是加入 WTO 后，我国加入国际大循环，市场和资源"两头在外"，形成"世界工厂"发展模式，对我国快速提升经济实力、改善人民生活发挥了重要作用。

近几年，随着全球政治经济环境变化，逆全球化趋势加剧，有的国家大搞单边主义、保护主义，传统国际循环明显弱化。在这种情况下，必须把发展立足点放在

---

① 刘元春. 深入理解新发展格局的丰富内涵. 山东经济战略研究，2020（10）：30 - 33.

国内，更多依靠国内市场实现经济发展。我国有 14 亿人口，人均国内生产总值已经突破 1 万美元，是全球最大和最有潜力的消费市场，具有巨大的增长空间。

改革开放以来，我国遭遇过很多外部风险冲击，最终都能化险为夷，靠的就是办好自己的事、把发展立足点放在国内。党的十八大以来，我国一直强调要发挥消费的基础作用、投资的关键作用。近年来，国内需求对经济增长的贡献率大多保持在 90％以上，有的年份超过100％，国内大循环的动能明显增强。

提出构建以国内大循环为主体、国内国际双循环相促进的新发展格局，是党对经济发展客观规律的正确把握和实践运用。这是主动作为，不是被动应对；是长期战略，不是权宜之计。①

《中共中央关于制定国民经济和社会发展第十四个五年规划和二〇三五年远景目标的建议》指出，"十四五"时期经济社会发展必须坚持系统观念——加强前瞻性思考、全局性谋划、战略性布局、整体性推进，统筹国内国际两个大局，办好发展安全两件大事，坚持全国一盘

---

① 冯国刚. 构建新发展格局是主动作为，不是被动应对. 中央纪委国家监委网站，2020－10－30.

棋，更好发挥中央、地方和各方面积极性，着力固根基、扬优势、补短板、强弱项，注重防范化解重大风险挑战，实现发展质量、结构、规模、速度、效益、安全相统一。所以，双循环新发展格局战略要避免长期战略短期化、战略问题战术化，避免全局战略区域化、局部化，坚持系统性原则。

双循环新发展格局战略长期化，要求我们依据百年未有之大变局这一重要背景，深刻认识到逆全球化趋势并不是中美贸易战、新冠疫情、俄乌冲突导致的偶然产物，中美贸易战和俄乌冲突本质上是长期资本主义体系扭曲的个别表现，未来中国将持续面临逆全球化趋势。新冠疫情和俄乌冲突一方面带来了供求不对称的变化，另一方面直接导致各种成本全面显性化。一定要看清楚两个事实：第一，俄乌冲突本身就是全球百年未有之大变局的产物，是世界地缘政治恶化的表现；第二，新冠疫情带来的供应链、产业链和价值链重构在中美大国冲突之时已经出现，疫情带来的社会隔离和供应链断裂只是逆全球化一种极端的演示。因此，这一轮全球经济滞胀并不是俄乌冲突、新冠疫情简单导致的，它实际上是整个资本主义体系发生重大扭曲、资源配置发生重大错配所带来的一轮新危机。① 所以，双循环新发展格局战略的制定要考虑长期国际环境的演变，具备足够的前瞻性，比如趋势的必然性和俄乌冲突对产业链"脱钩"的加速作用等。

同时，我国国内需求结构已经改变，消费需求升级。过去我国"世界工厂"的发展模式虽然对我国提升经济实力、改善人民生活发挥了重大作用，但供给和国内需求存在不匹配现象，消费能力外流日益严重。中国有14亿人口，人均国内生产总值已经突破1万美元，是全球最大和最有潜力的消费市场。双循环新发展格局战略要充分考虑匹配国内消费需求的原则，形成高质量发展格局。

另外，国内发展主要矛盾出现新现象和新规律——我国发展不平衡不充分问题仍然突出，重点领域关键环节改革任务仍然艰巨，创新能力不适应高质量发展要求，农业基础还不稳固，城乡区域发展和收入分配差距较大，生态环保任重道远，民生保障存在短板，社会治理还有

---

① 李晓丹．刘元春：全球滞胀"双刃剑"，中国要做好哪些准备．经济观察网，2022－06－28.

弱项。① 双循环新发展格局战略要重点着眼于当前我国社会的主要矛盾，在发展中兼顾质和量。双循环新发展格局战略不能只注重个别产业的创新发展，而是要把创新发展融入各个产业中，提升整体产业链供应链的创新性、科技性和完整性；不能只注重经济发达地区的发展，也要注重培养多个增长极，使区域间均衡发展；不能只顾短期经济增长，不能只注重具体如何提振经济，不能把新发展格局战略决策等同于"出口转内销"等短期应急举措②，而是要加强顶层设计，统筹各类具体政策的统一目标，增强各类政策的可持续性，共同为形成双循环新发展格局而发力。

第二节　形成思想共识，构建统筹发展纲略

要正确构建双循环新发展战略，我们必须通过理论上的梳理和构建尽快形成思想上的共识，加强顶层设计，将双循环新发展格局贯穿于"十四五"规划之中，形成

---

① 中共中央关于制定国民经济和社会发展第十四个五年规划和二〇三五年远景目标的建议. 新华社，2020 - 11 - 03.

② 刘元春. 深入理解新发展格局的丰富内涵. 山东经济战略研究，2020（10）：30 - 33.

统筹各种经济社会战略的总纲。

首先要对双循环新发展格局整体理论的提出过程进行简单的梳理，才能在此基础上形成全面、准确的总纲。在习近平总书记的领导下，我们对双循环新发展格局的认识不断深化、凝聚和递进。

2017年10月，习近平总书记在党的十九大报告中指出，贯彻新发展理念，建设现代化经济体系。我国经济已由高速增长阶段转向高质量发展阶段，正处在转变发展方式、优化经济结构、转换增长动力的攻关期，建设现代化经济体系是跨越关口的迫切要求和我国经济发展的战略目标。具体举措包括六大方面：深化供给侧结构性改革，加快建设创新型国家，实施乡村振兴战略，实施区域协调发展战略，加快完善社会主义市场经济体制，推动形成全面开放新格局。[1]

2018年中央经济工作会议在深化供给侧结构性改革的基础上指出，更多采取改革的办法，更多运用市场化、法治化手段，在"巩固、增强、提升、畅通"八个字上下功夫。要巩固"三去一降一补"成果，推动更多产能

---

[1]　习近平. 决胜全面建成小康社会 夺取新时代中国特色社会主义伟大胜利——在中国共产党第十九次全国代表大会上的报告（2017年10月18日）. 新华社，2017-10-27.

过剩行业加快出清，降低全社会各类营商成本，加大基础设施等领域补短板力度；要增强微观主体活力，发挥企业和企业家主观能动性，建立公平开放透明的市场规则和法治化营商环境，促进正向激励和优胜劣汰，发展更多优质企业；要提升产业链水平，注重利用技术创新和规模效应形成新的竞争优势，培育和发展新的产业集群；要畅通国民经济循环，加快建设统一开放、竞争有序的现代市场体系，提高金融体系服务实体经济的能力，形成国内市场和生产主体、经济增长和就业扩大、金融和实体经济良性循环。2019 年政府的工作重点为推动制造业高质量发展、促进形成强大国内市场、扎实推进乡村振兴战略、促进区域协调发展、加快经济体制改革、推动全方位对外开放、加强保障和改善民生。①

2019 年政府工作报告将"畅通国民经济循环""持续释放内需潜力""促进形成强大国内市场"作为关键词。2019 年经济社会发展总体要求中包括，要继续坚持以供给侧结构性改革为主线，在"巩固、增强、提升、畅通"八个字上下功夫；更多采取改革的办法，更多运

---

① 定调 2019，八个关键词速读中央经济工作会议．中央广播电视总台央视网，2018 - 12 - 22．

用市场化、法治化手段，巩固"三去一降一补"成果，增强微观主体活力，提升产业链水平，畅通国民经济循环，推动经济高质量发展；促进形成强大国内市场，持续释放内需潜力，充分发挥消费的基础作用、投资的关键作用，稳定国内有效需求，为经济平稳运行提供有力支撑。①

2019 年中央财经委员会第五次会议上，习近平总书记强调，要根据各地区的条件，走合理分工、优化发展的路子，落实主体功能区战略，完善空间治理，形成优势互补、高质量发展的区域经济布局。要充分发挥集中力量办大事的制度优势和超大规模的市场优势，打好产业基础高级化、产业链现代化的攻坚战。②

2019 年 1 月 21 日，习近平总书记在省部级主要领导干部坚持底线思维着力防范化解重大风险专题研讨班上强调，当前，世界大变局加速深刻演变，全球动荡源和风险点增多，我国外部环境复杂严峻，我们要统筹国内国际两个大局、发展安全两件大事。面对波谲云诡的

---

① 李克强.政府工作报告——2019 年 3 月 5 日在第十三届全国人民代表大会第二次会议上.新华社，2019 - 03 - 16.

② 习近平主持召开中央财经委员会第五次会议.新华网，2019 - 08 - 26.

国际形势、复杂敏感的周边环境、艰巨繁重的改革发展稳定任务，我们既要有防范风险的先手，也要有应对和化解风险挑战的高招；既要打好防范和抵御风险的有准备之战，也要打好化险为夷、转危为机的战略主动战。①"以国内大循环为主"的双循环发展新格局就是统筹发展与安全的战略主动战。

2020 年 7 月 30 日，中共中央政治局会议进一步指出，统筹发展和安全，必须把新发展理念贯穿发展全过程和各领域，实现更高质量、更有效率、更加公平、更可持续、更为安全的发展，实现发展规模、速度、质量、结构、效益、安全相统一。②

2020 年 10 月，中共十九届中央委员会第五次全体会议深入分析国际国内形势，通过了《中共中央关于制定国民经济和社会发展"十四五"规划和二〇三五年远景目标的建议》，指出，"十四五"时期经济社会发展指导思想包括，要以推动高质量发展为主题，以深化供给侧结构性改革为主线，以改革创新为根本动力，以满足

---

① 习近平在省部级主要领导干部坚持底线思维着力防范化解重大风险专题研讨班开班式上发表重要讲话. 新华社，2019-01-21.

② 刘元春. 双循环新格局是处理内外矛盾新变化的必然之举. 中国经济评论，2020（2）：14-17.

人民日益增长的美好生活需要为根本目的，统筹发展和安全，加快建设现代化经济体系，加快构建以国内大循环为主体、国内国际双循环相互促进的新发展格局；还指出，"十四五"时期经济社会发展必须遵循坚持新发展理念的原则，把新发展理念贯穿发展全过程和各领域，构建新发展格局，切实转变发展方式，推动质量变革、效率变革、动力变革，实现更高质量、更有效率、更加公平、更可持续、更为安全的发展。要坚持扩大内需这个战略基点，加快培育完整内需体系，把实施扩大内需战略同深化供给侧结构性改革有机结合起来，以创新驱动、高质量供给引领和创造新需求。具体有四个方面的战略要求：畅通国内大循环，促进国内国际双循环，全面促进消费，拓展投资空间。①

2021 年 1 月，中共中央办公厅、国务院办公厅指出，要建设高标准市场体系，夯实市场体系基础制度，推进要素资源高效配置，改善提升市场环境和质量，实施高水平市场开放，完善现代化市场监管机制。②

---

① 中国共产党第十九届中央委员会第五次全体会议公报．中国政府网，2020 - 10 - 29.

② 中共中央办公厅 国务院办公厅印发《建设高标准市场体系行动方案》．新华社，2021 - 01 - 31.

2021 年 4 月，为推动中部地区高质量发展，国务院强调要坚持创新发展，构建以先进制造业为支撑的现代产业体系，要做大做强先进制造业，积极承接制造业转移，提高关键领域自主创新能力，推动先进制造业和现代服务业深度融合。①

2021 年 9 月印发的《知识产权强国建设纲要（2021—2035 年）》强调，进入新发展阶段，推动高质量发展是保持经济持续健康发展的必然要求，创新是引领发展的第一动力，知识产权作为国家发展战略性资源和国际竞争力核心要素的作用更加凸显。要实施知识产权强国战略，回应新技术、新经济、新形势对知识产权制度变革提出的挑战，加快推进知识产权改革发展，协调好政府与市场、国内与国际，以及知识产权数量与质量、需求与供给的联动关系，全面提升我国知识产权综合实力，大力激发全社会创新活力，建设具有中国特色、达到世界水平的知识产权强国。要建设面向社会主义现代化的知识产权制度，建设支撑国际一流营商环境的知识产权保护体系、激励创新发展的知识产权市场运行机

---

① 中共中央 国务院关于新时代推动中部地区高质量发展的意见．新华社，2021 - 07 - 22.

制，建设便民利民的知识产权公共服务体系，建设促进知识产权高质量发展的人文社会环境，深度参与全球知识产权治理。①

2021 年 10 月印发的《国家标准化发展纲要》指出，到 2025 年，要实现标准供给由政府主导向政府与市场并重转变，标准运用由以产业与贸易为主向经济社会全域转变，标准化工作由国内驱动向国内国际相互促进转变，标准化发展由数量规模型向质量效益型转变。标准化更加有效推动国家综合竞争力提升，促进经济社会高质量发展，在构建新发展格局中发挥更大作用。②

2022 年 3 月，中共中央办公厅、国务院办公厅强调，完善的社会信用体系对促进国民经济循环高效畅通、构建新发展格局具有重要意义。要以健全的信用机制畅通国内大循环，需要强化科研诚信建设和知识产权保护、推进质量和品牌信用建设、完善流通分配等环节信用制度、打造诚信消费投资环境、完善生态环保信用制度、加强各类主体信用建设。以良好的信用环境支撑国内国

---

① 中共中央 国务院印发《知识产权强国建设纲要（2021—2035 年）》. 新华社，2021 - 09 - 22.

② 中共中央 国务院印发《国家标准化发展纲要》. 新华社，2021 - 10 - 10.

际双循环相互促进，需要优化进出口信用管理、加强国际双向投资及对外合作信用建设、积极参与信用领域国际治理。①

2022 年 4 月，中共中央、国务院强调要加快建设全国统一大市场，因为建设全国统一大市场是构建新发展格局的基础支撑和内在要求，旨在持续推动国内市场高效畅通和规模拓展、加快营造稳定公平透明可预期的营商环境、进一步降低市场交易成本、促进科技创新和产业升级、培育参与国际竞争合作新优势。具体从七个方面推进：强化市场基础制度规则统一，推进市场设施高标准联通，打造统一的要素和资源市场，推进商品和服务市场高水平统一，推进市场监管公平统一，进一步规范不当市场竞争和市场干预行为，组织实施保障。②

2022 年 10 月，中国共产党第二十次全国代表大会在北京举行，大会指出，贯彻新发展理念是新时代我国发展壮大的必由之路。在经济建设上，要完整、准确、全面贯彻新发展理念，加快构建新发展格局，着力推动

---

① 中共中央办公厅 国务院办公厅印发《关于推进社会信用体系建设高质量发展促进形成新发展格局的意见》. 新华社，2022 - 03 - 29.

② 中共中央 国务院关于加快建设全国统一大市场的意见. 新华社，2022 - 04 - 10.

高质量发展，构建高水平社会主义市场经济体制，建设现代化产业体系，全面推进乡村振兴，促进区域协调发展，推进高水平对外开放，推动经济实现质的有效提升和量的合理增长。①

2022 年 12 月，中共中央、国务院发布的《扩大内需战略规划纲要（2022—2035 年）》指出，坚定实施扩大内需战略、培育完整内需体系，是加快构建以国内大循环为主体、国内国际双循环相互促进的新发展格局的必然选择，是促进我国长远发展和长治久安的战略决策。《扩大内需战略规划纲要（2022—2035 年）》强调，实施扩大内需战略是更高效率促进经济循环的关键支撑。构建新发展格局，关键在于经济循环的畅通无阻。促进国内大循环更为顺畅，必须坚定实施扩大内需战略，打通经济循环堵点，夯实国内基本盘；实现国内国际双循环相互促进，也必须坚定实施扩大内需战略，更好依托国内大市场，有效利用全球要素和市场资源，更高效率实现内外市场联通，促进发展更高水平的国内大循环。进入新发展阶段，我国国内市场基础更加扎实，实施扩

---

① 中共中央关于认真学习宣传贯彻二十大精神的决定. 新华社，2022 - 10 - 30.

大内需战略的环境条件深刻变化。国内市场的主导力量将更加明显，但同时扩大内需也面临不少制约，包括要素制约、创新力制约、城乡和收入分配差距制约等。必须坚定实施扩大内需战略，准确把握国内市场发展规律，未雨绸缪，趋利避害，在危机中育先机、于变局中开新局，不断释放内需潜力，充分发挥内需拉动作用，建设更加强大的国内市场，推动我国经济平稳健康可持续发展。在具体工作中，要坚持顶层设计，服务全局战略。坚持扩大内需这个战略基点，以创新驱动、高质量供给引领和创造新需求，使扩大内需成为构建新发展格局的重要支撑，推动质量变革、效率变革、动力变革，促进供需在更高水平上实现动态平衡。①

第三节　全面落实内外部冲击
并存下的经济保卫战

一、全球疫情持久化下的疫情冲击风险

中国经济的长期发展面临着新冠疫情冲击的挑战，

---

① 中共中央 国务院印发《扩大内需战略规划纲要（2022—2035年）》.新华社，2022 - 12 - 14.

尤其是海外疫情输入性问题，会给经济带来不确定性。

第一，全球疫情存在长期持续性。中国作为拥有 14 亿人口的大国，虽然国家疫情防控政策不断优化，实行科学精准防控，但海外输入无法杜绝，并且病毒毒株的不断演变也使得防控工作更加困难。随着病毒的演变，可能导致疫情防控的成本有所上升，具有超级不确定性。疫情防控，很重要的是物资到位、各种人员到位。疫情纾困，要使中小企业主体不破产、老百姓有收入。在疫情防控的同时，要兼顾物流的畅通，要兼顾一些关键物资的生产。在经济循环断点重启之后，再进行大规模的经济刺激。

要根据疫情特征进行科学防疫，这是经济复苏和经济常态化的一个基本前提。目前，宏观经济政策要与疫情防控政策相结合，那么在这样的状态下，经济稳定、社会稳定的内涵可能要有所改变。同时也要引导人们对经济增速的预期目标适度，因为在疫情期间，最重要的是保证整个社会的基本运行，保障经济主体的基本安全，而不是简单地为了实现某个参数不顾一切。所以，对于近几年的一些政策目标，特别是地方所设定的一些行业目标，可根据当前的国际国内新变化做出适度调整。①

面对国内疫情形势，要有效释放二十大政策红利，落实中央经济工作会议精神，需要夯实各项基础工作，以使期望转换为新动能和新信心。如果经济循环没有启动起来，还处于非常状态，要想立刻进行全方位的经济刺激，效果会大打折扣。要注意，消费刺激是启动和加速经济循环的关键，并且消费刺激要与防疫政策相匹配。首先要依托于疫情精准科学防控先恢复正常的社会秩序、经济秩序和消费秩序，之后再逐步采取刺激举措。在短期实行逆周期政策的调节，在中长期要扩大居民收入，切实实行扩大内需战略。

第二，疫情冲击加剧了逆全球化背景下的全球产业链"脱钩"。由于美国等西方国家主动缩短产业链的倾向、产业链上下游国家供给困难、国内停工停产等综合原因，中国可能在全球产业链、供应链、价值链上被动"脱钩"。此外，俄乌冲突等超预期事件也会加剧产业链"脱钩"。

美国拜登政府围绕民主国家产业链联盟的行动，比预想的要快，已经完成了在半导体、电容器、药品和稀土等方面的产业链和供应链同盟建设，这势必会对我国

---

① 刘元春：如何理解一季度经济增长数据？. 新华网，2022 - 04 - 19.

产生很大的冲击。随着疫情带来的影响逐渐可控，各国的产业链得到恢复，出口大幅上扬的基础有可能会消失。后疫情时代，各国政府必将进行产业链贸易链的调整，整个出口市场会有剧烈变化，这对中国经济的冲击将是"灰犀牛"式的，具有系统性特征。尽管我们知道外需会出现调整，但很可能对它的力量和速度出现误判，从而使我们准备不足。①

第三，疫情冲击下，一方面，企业面临劳动力供给不稳定甚至"用工难"等问题；另一方面，国内外需求减小，企业收支状况恶化。所以，很多国内企业当前面临的挑战不只是简单的资金问题，而是整体性的生与死的问题。② 尤其是中小微企业，其消亡直接导致的是家庭收入减少，居民产生收入降低预期，进一步降低内需能力，成为国内大循环的堵点。并且，国内企业的生死存亡还会影响到我国整体产业链，在"断链"和社会停摆过程中可能会出现不可逆的结果，从而不仅影响国内大循环，还会影响国内国际双循环。

---

① 刘元春：不会发生超级通货膨胀，更要担忧的是刺破泡沫重返萧条．中国新闻周刊，2021－07－22.

② 刘元春：内外冲击超过2020年，一揽子救助政策需要持续加力．腾讯新闻，2022－05－25.

二、俄乌冲突等超预期外部冲击风险

在俄乌冲突这一超预期事件的外部冲击下，大宗商品的上涨尤其是能源价格的上涨的确会带来中国进口成本的大幅上扬，也的确会给中国经济增长带来一系列的压力，尽管中国经济目前对于成本冲击的释放能力、缓解能力已经大大提升。全球大宗商品价格上涨虽然对中国工业生产者出厂价格指数（PPI）有很大冲击，但是对全国居民消费价格指数（CPI）没有产生明显的影响，基本上是由生产者消化了大宗商品原材料上涨带来的成本冲击。

我国必须重新审视产业政策，充分发挥大市场、大制造、低成本的优势；同时进一步提升技术进步，使我国在新能源、新技术上的前期布局能够有一个加速性赶超，产生在这样一个超级时段的赶超效应，并进行内部战略再定位、再调整，抓住契机进行全面、关键性改革政策的推出。①

三、推行一揽子规模化政策实施以扩大内需

当前，我国面临新冠病毒不断变异演化和经济不景

---

① 李晓丹. 刘元春：全球滞胀"双刃剑"，中国要做好哪些准备. 经济观察网，2022 - 06 - 28.

气以及全球变局等几个因素共同叠加的情况，出现超常规事件，整个时代结构呈现断裂化的状态，需要重新审视政府的功能和边界。

2018年中美经贸发生摩擦，我国国际国内经济形势都面临着错综复杂的风险。在此背景下，中共中央提出"六稳"：稳就业、稳金融、稳外贸、稳外资、稳投资、稳预期。而2020年受到新冠疫情的冲击，国内外形势面临前所未有的困难挑战，就业、经济都面临很大压力。在此基础上，中共中央又提出"六保"，即保居民就业、保基本民生、保市场主体、保粮食能源安全、保产业链供应链稳定、保基层运转。

我国采取了一揽子规模性政策以实现"六稳"和"六保"，在风险之中保住内需、扩大内需，体现了"底线思维"。守住"六保"底线，就能稳住经济基本盘。在2020年5月13日国务院常务会议上，李克强总理指出，当前世界各国几乎都把"保就业"作为宏观政策最核心的内容之一，而"保居民就业"首要目的是"保基本民生"——"我们发展的目的是人民生活的改善。保住了民生这个基本，就能稳住民心。从经济视角讲，保住了基本民生才会有消费和市场，才会有市场主体的健康发展"。

2020 年，在一揽子规模性政策的作用下，中国复工复产，宏观经济复苏进程较好，经济逐步回归正常轨道。政府积极推行增量政策，包括：财政政策——减税退税的覆盖面扩大、力度增加；金融政策——普惠政策的广度和力度增加，稳产业链和供应链，促消费和有效投资，保能源安全和做好失业保障、低保和困难群众救助等，并且优化复工达产政策。

需要注意的是，一定要警惕在疫情好转后也不能直接从非常规扩张性政策退出到常态化政策，而是要过渡到常态化扩张的宏观政策，要在财政政策和货币政策上保持总体扩张。①

四、"六稳""六保"政策的对接以及断点、难点、系统性问题的梳理

第一，政策实施传导存在困难，存在时滞性、结构性以及落地问题。时滞性问题理解较为简单，政策的传导需要时间，时效性不是很强。

从每次疫情防控下的经济停滞中恢复时，往往会出现大型企业特别是国有企业的开工率、复工率和达产率

---

① 徐蔚冰.建议推出第二轮"六稳""六保"政策.中国经济时报，2021 - 10 - 22.

相对于中小企业更好的情况。① "稳就业"是"稳经济"和"稳社会"的关键枢纽，中小企业又是"稳就业"的主体，中小企业稳，就业就稳，中国 7.47 亿就业人员中消费企业贡献了超过 85% 的就业岗位。但是，"稳增长"的政策工具、政策包往往是从大企业、国有企业向小企业和民营企业进行渗透，因此在经济复苏的过程中，GDP 的复苏和就业的复苏具有不同步性，集中体现在一系列参数的不匹配上，如全国 PMI 指数（采购经理指数）反弹后小企业 PMI 指数反而在下降，大型企业和中小企业急剧分化，导致就业承压，所以传统的"滴漏效应""涓滴效应""大河涨水小河满"的现象难以显现。对小微企业来讲，虽然这种持续冲击的增量在下降，但是这种累计效应与小微企业的承受能力是相悖的，导致的结果是小微企业在救助加速、整体刺激加速的过程中，对就业的吸纳能力反而到了顶点，从而不得不通过裁员、企业关停等举措来解决危机。"稳就业"如果简单地通过稳增长、稳大型企业、启动大型项目，反而可能会出现"J 曲线效应"，也就是在开始进行救助的过程中，就业

---

① 刘元春：科学解读近期宏观数据的反弹，坚定不移推进一揽子规模性政策．中国发展网，2020 - 06 - 17.

状况不仅没有变化，反而有所承压。①

相较于发达国家，我国出台的中小企业的扶持政策在数量上有明显优势，但是大多数政策都存在"小步慢走"和"大水漫灌"的问题，在力度上有所欠缺，并不能真正扭转基本态势。因此，应该旗帜鲜明地在成本对冲、需求不足等重点问题上加大扶持力度，而不只是用技巧性政策。下一步的工作重点应该是建设新的扶持政策通道，打造全新的宏观调控政策的微观基础设施，构建常态和非常态能够使用的政策工具助力中小企业发展。②

"六稳""六保"政策在执行中还存在一定程度的落地问题，财政政策的推行需要保持积极性动力，一般公共预算的进度 2021 年没有达标，2022 年前 4 个月依然没有达标，也即并未按照既定的速度来花钱。所以，在一揽子方案出台后，国务院成立了 12 个督导组来进行监督，要项目落地，形成实物量，才能真正形成经济

---

① 刘元春：中小企业是"稳就业"主体，中小企业稳就业就稳．中国发展网，2022 - 03 - 10.

② 刘元春等：如何促进中小企业需求．人大国发院，2022 - 05 - 10.

循环。①

　　第二，中长期中超常态财政政策的可持续性。短期内地方政府能够调动各种资金密集出台各种保经济稳增长的举措。资金来源不是问题，但在内部经济复苏过程中财政收入减少的前提下，我国在经济保卫战中采用减税降费等财政政策将会进一步减少财政收入、扩大财政支出，所以财政赤字压力增大。虽然赤字率目标可以适当上调，但在推行超常态财政政策的过程中，地方政府财政力量和相应各级部门的财政力量可能会耗尽。② 减税会减少政府公共财政收入，降费在某种程度上会导致资金支付缺口加大，这种缺口加大如果导致政策不可持续，最后还将由财政兜底。这里要区分的很重要的一点是，减税和降费对于社保体系建设而言是一种推进还是一种延迟？

　　第三，已有政策工具还不足以充分实现"六稳""六保"政策目标，需要政策工具的创新和应用。2021 年 12月召开的中央经济工作会议指出，积极财政政策要提升

---

　　① 刘元春：消费券或产生消费替代效应，通过保就业也能保消费. 澎湃新闻，2022-06-13.

　　② 刘元春：认真梳理断供现象解套举措，摆脱"治乱循环"困境. 新浪财经，2022-07-20.

效能，更加注重精准、可持续。要实施新的减税降费政策，适度超前开展基础设施投资。2022 年财政赤字率为 2.8%，虽然在刺激需求稳定经济的同时，五年总体赤字率控制在 3% 以内，政府负债率控制在 50% 左右①，但同时仍然存在政策工具有效性不足的问题。2022 年，终端消费直接受到冲击，投资也受到影响。按照 2021 年召开的中央经济工作会议部署，提前实施部分"十四五"规划重大工程项目，加快地方政府专项债券发行使用，依法盘活用好专项债务结存限额，分两期投放政策性开发性金融工具 7 400 亿元，为重大项目建设补充资本金。②2022 年中央经济工作会议指出，积极的财政政策要加力提效。保持必要的财政支出强度，优化组合赤字、专项债、贴息等工具，在有效支持高质量发展中保障财政可持续和地方政府债务风险可控。要加大中央对地方的转移支付力度，推动财力下沉，做好基层"三保"工作。③

第四，社会保障支出的扩张效应远没有投资支出扩张效应明显，社会保障的经济减震器作用亟须被重视。

①② 2023 政府工作报告. 中国政府网，2023 - 03 - 05.

③ 中央经济工作会议举行 习近平李克强李强作重要讲话. 新华社，2022 - 12 - 16.

习近平总书记指出，社会保障是保障和改善民生、维护社会公平、增进人民福祉的基本制度保障，是促进经济社会发展、实现广大人民群众共享改革发展成果的重要制度安排，发挥着民生保障安全网、收入分配调节器、经济运行减震器的作用，是治国安邦的大问题。[①] 好的社会保障网会产生较好的经济缓冲作用，从而使周期平衡性变得更好，经济高涨时社保出现盈余；经济低迷时，社保支出增加，用于应对失业等，可以给宏观经济带来周期性平衡效应。根据对世界各国特别是经济合作与发展组织（OECD）国家进行的研究可以发现，很多国家尤其是人均 GDP 刚刚迈过一万美元门槛的国家，社保体系的不健全往往成为其经济震荡的很重要的原因。

社保体系收入主要影响经济的供给端。企业上缴"五险一金"是刚性支付，导致企业费率上升，企业负担进一步加重，因此在经济下行时社保对供给端抑制作用明显。而社保的转移支付主要影响消费端，体现为对经济的稳定作用。问题是，社保支出加大带来的扩张效应往往不足，因为当低收入者拿到相关补贴时

---

① 习近平. 促进我国社会保障事业高质量发展、可持续发展. 求是，2022（8）.

边际消费支出比较大。而一旦生活相对稳定，这种转移支付会很快转为审慎性储蓄。因此，我们会看到社保支出通过对消费的刺激而产生稳定经济的作用实际上是非线性的。

利用社保支出进行逆周期调整时需要注意：第一，财政支出中对一次性转移支付、社保缺口支付和公共投资的取舍。投资的扩张乘数很高，但是从中长期看疲弱，社保体系的完善和进步可能会提升社保支出乘数效应。第二，对于减税和降费的取舍。两种措施的影响取决于市场上的企业主体结构。对于中小企业来说，税负顺周期而费用刚性，所以中小企业降费效果更好。第三，养老、医疗、失业、工伤在经济缓冲中的作用是不同的，失业补贴、失业保险和失业救助可能在自动稳定器上的作用更为显著。失业是顺周期的，但是失业救助、失业补贴却是逆周期的，这个逆周期是发挥社保体系自动稳定器作用的重要举措。

当前，我国社保发挥稳经济功能还存在以下问题：第一，财政中社保支出占比太低，难以发挥社保宏观经济减震器的作用。第二，社保支出占GDP的比重也相对较低，2020年达到3.21％，2021年下降到2.96％，这一比重在全世界范围内是非常低的。第三，失业保险支出占社会保障基金支出的比重近年来不升反降。十多年间，这一数据下降了约 2.8 个百分点。第四，我国在失业救助、失业保障上的制度建设，滞后于在社会保障制度上的制度建设，尤其是失业保障的覆盖率还不足。①

第四节　全面启动关键核心技术攻坚战

从人类历史上大国崛起的经验来看，我国要构建安全、可控、富有弹性韧性的经济体系，就必须以内为主，必须在动荡复杂的世界体系中建立稳固的基本盘。近几年在逆全球化和大国博弈的环境中凸显的"卡脖子"关键技术问题已经充分说明，一个要走创新驱动道路的大国无法在简单的比较优势分工格局中解决其技术创新问题。2018 年 5 月 28 日，习近平总书记在中国科学院第十九次院士大会、中国工程院第十四次院士大会上着重指出，实践反复告诉我们，关键核心技术是要不来、买不来、讨不来的。只有把关键核心技术掌握在自己手中，

---

① 刘元春．如何提升社会保障的经济减震器作用．北京日报，2022 - 05 - 09.

才能从根本上保障国家经济安全、国防安全和其他安全。我们必须在中短期内利用制度的显著优势，把核心技术攻坚战和产业链供应链的安全问题很好地解决。[①] 2022年之后的五年，不仅仅是中国 GDP 赶超美国的关键时期，更是我国关键技术、核心技术的突破期，新发展格局的构建成功关键在于科技的自立自强。[②]

一、改革科技创新体系

我国目前的科技创新体系急需改革，其中最重要的变革之处在于，要摆好政府与市场的关系。目前要做的就是全力突破"李约瑟之谜"，把政府与市场在研发创新上的关系理顺。要想打破技术垄断，争夺产业链控制权，其现实前提在于把握好科学技术和市场的内在逻辑，充分发挥中国具有全球第一的大市场环境的绝对优势，追逐全球市场研发创新的内在动力。

没有市场难以赢得技术竞争，没有市场体量也难以赢得技术竞争，没有自主市场更难以赢得技术竞争。因此，首先要依托市场体系；其次要善于运用市场体量；

---

① 刘元春．中国经济再出发：理解双循环战略的核心命题．金融市场研究，2020 (9)：27 - 33.

② 王春蕊．刘元春：构建新发展格局，关键在于科技自立自强．新京报，2021 - 04 - 17.

最后是这个市场体量不是简单地以别人为主、被别人控制的市场体量，而是自主、自我的市场体量。过去我国在创新动力构建上是成功的，这是构成经济增长奇迹和技术突破奇迹的重要基础。中美贸易摩擦的本质是中美技术摩擦，中美技术摩擦实质上反映了我国过去的创新发展是成功的，因为我国对美国产生了压迫感和威胁感，所以美国才会如此。

市场导向的大规模技术创新和基础导向的政府赶超体系是中国创新战略实施的两条腿，两条腿同时发力、相互配合十分重要。但目前政府主导的赶超体系存在短板，其重要原因是政府与市场抢饭吃，并未专注于基础研究领域。中国的科技进步和创新必须要从核心技术和基础理论上扎扎实实进行根基建设，要在全产业链和全创新链的构建上做文章。我国目前创新体系下的基础领域的创新乏善可陈。未来技术进步最大的障碍是泡沫化和金融化，特别是构建在技术神话基础上的泡沫化和金融化问题。所以，我国一是要加强基础领域建设；二是要对目前过于分散、全局创新、过于金融化的发展趋势有所遏制；三是要真正建立市场导向、企业主体、平台导向的创新体制，政府在其中一些商业化领域要起补充性作用，绝不能与市场争利。政府有很多的创业基金，可以适度投入，不宜遍地开花与私募基金争抢。在某些技术商业化甄别上，政府并无优势，因此政府的定位要更凸显基础设施、基础领域、国家战略，要凸显市场导向。①

二、落实创新驱动战略

落实创新驱动战略，要使创新价值观能够内化，真正成为各个环节内生的驱动力。把创新作为价值观，推动崇尚创新、配合创新、支持创新。推动创新价值观内化的方式方法：首先是推动创新红利的共享，把创新作为公共品，通过产业化、商业化，形成创新的红利，基于良好的分配体系，使得政府、学校、研究部门、应用部门、金融部门等都能够在创新红利中获利；其次是找准定位，在新发展格局的布局中间，找到自己的创新方位，在区域增长极中找到自己的比较优势，而不是简单地按照高大上、小而全、最前沿等模式来进行规划和营造。②

---

① 刘元春. 全球技术周期视角下的中国创新机遇期. 中国经济评论，2020（4）：10-19.

② 李媛莉，熊筱伟. 创新驱动1＋1⑬｜人大副校长刘元春：无论硅谷模式还是东亚模式，都依赖同样的关键点. 川观新闻，2021-12-24.

三、提升自主创新能力

提升自主创新能力需要构建创新生态系统，这种系统本质上是一种群落，集合政、产、学、研、金、服、用等多种主体，形成以创新为落脚点、以资源共享为载体、相互依赖相互共生的网络关系。

创新生态的构建应重点把握以下关键环节：一是基础设施和政策法规先行，形成有利于基础设施建设、技术创新的政商环境；二是利用突破性创新形成单一的创新链或是构建单一型的创新平台；三是形成具有叠加效应的创新产业集群；四是在社会和政府的主导下形成具有协同效应的创新网络；五是营造创新文化价值观；六是打造创新共同体。

在创新生态构建过程中，要把握以下核心问题：第一，要有效处理政府与市场之间的耦合问题。政府的角色在很大程度上决定了创新生态体系的构建以及生态体系在不同发展阶段的特点，因此，在复杂的动态交互过程中，如何处理政府与市场之间的关系是重中之重，最高级的形态是政府在其中全面发挥润物细无声的作用。第二，强化顶层设计，构建核心资源，加强基础研发。第三，加强政、产、学、研、金、服、用等多元主体之间的协调。第四，多元创新链或是创新平台之间的协调。第五，创新文化的孕育和政府主体的理性化。

总的来说，提升自主创新能力，要在构建创新生态的几个关键环节进行全面思考、全面改革，在营商环境、金融体系、基础研发体系、科技自立自强战略落实上做文章，同时要把创新的基因作为骨子中的东西进行根植，这样创新生态就能够持续升级、持续良性循环。

四、突破关键核心技术

在关键核心技术中，"卡脖子"技术的突破更是重中之重。"卡脖子"技术一般可以从技术差距和技术安全两个角度进行界定，其同时具有国家安全与公共外部性，具有更强的社会属性与国家公共安全属性。我国在高档数控系统、芯片、高档液压件和密封件等技术领域长期依赖进口，对外依存度高达80％以上，且长期以来对外依存度居高不下，一些涉及国家经济安全与价值链关键地位的核心技术甚至被发达国家列入限制对我国出口的清单，这些关键核心技术成为制约我国产业转型升级、迈向高质量发展的"卡脖子"技术。在具备国家安全与公共社会属性的前提下，底线思维成为破解"卡脖子"技术难题的重要思维理念，体现为政治底线、法律底线和安全底线。

要突破"卡脖子"等关键核心技术，需关注以下几点：

第一，要求我国在制度上进行优化——以新型举国体制推动整合式创新范式构建，调动各级政府、全社会、全行业与微观市场组织集中攻关，破解关键核心技术受制于人及"卡脖子"问题，实现重大原创性科技成果从0到1的不断涌现。

第二，产业生态上要重构"开放式创新"，提升我国产业链位置，同时开展内向型和外向型创新模式，推进创新链、产业链和价值链的融合，加快科技创新体系与协同创新能力建设，集中力量联合解决以工业技术能力的提升和产业技术安全的实现为战略目标的"卡脖子"技术问题。

第三，创新主体上要深化建设面向"卡脖子"技术的"央企＋民企"分类主导的创新共同体。关键技术的创新和突破离不开民营企业，民营企业独特的企业家精神在面向颠覆性技术创新时具备独特的组织优势与动态能力优势。①

---

① 陈劲，阳镇，朱子钦."十四五"时期"卡脖子"技术的破解：识别框架、战略转向与突破路径. 改革，2020（12）：5-15.

第五节　形成需求牵引供给、供给创造需求的更高水平动态平衡

一、全面对接供给侧结构性改革和高质量发展战略

中国特色社会主义进入新时代，我国社会主要矛盾已经转化为人民日益增长的美好生活需要和不平衡不充分的发展之间的矛盾。实现经济高质量发展，就要贯彻落实新发展理念，扎实解决发展不平衡不充分问题，不断满足人民日益增长的美好生活需要。因此，推动经济高质量发展成为我国当前和今后一个时期确定发展思路、制定经济政策、实施宏观调控的根本要求。现阶段，我国经济发展的主要矛盾已转化为结构性问题，矛盾的主要方面在供给侧，主要表现在供给结构不能适应需求结构的变化。因此，必须全面对接供给侧结构性改革和高质量发展战略，坚持以供给侧结构性改革为主线，推动经济高质量发展。

自 2015 年底首次提出供给侧结构性改革以来，我国在供给侧结构性改革方面取得了显著成绩，宏观经济成功企稳，经济结构大为改善，新动能成长迅猛，传统增

长模式的制度基础和利益格局有效改变，为经济高质量发展奠定了坚实的基础。进一步深化供给侧结构性改革，推动经济高质量发展，应在以下几个方面继续努力：

第一，精准定位供给侧结构性改革聚焦点。实体经济是一国经济的立身之本，是财富创造的根本源泉，是国家强盛的重要支柱。深化供给侧结构性改革，要以发展实体经济为着力点，以提高供给体系质量为主攻方向。加快发展先进制造业，推动互联网、大数据、人工智能同实体经济深度融合，推动资源要素向实体经济集聚、政策措施向实体经济倾斜、工作力量向实体经济加强，营造脚踏实地、勤劳创业、实业致富的发展环境和社会氛围。深化要素市场化配置改革，重点在"破""立""降"上下功夫：大力破除无效供给，大力培育新动能，大力降低实体经济成本。

第二，把实施扩大内需战略同深化供给侧结构性改革有机结合起来。稳健的货币政策要精准有力，引导金融机构加大对小微企业、科技创新、绿色发展等领域的支持力度。产业政策要发展和安全并举。优化产业政策实施方式，狠抓传统产业改造升级和战略性新兴产业培育壮大，着力补强产业链薄弱环节，在落实碳达峰碳中和目标任务过程中锻造新的产业竞争优势。推动"科技—产业—金融"良性循环。科技政策要聚焦自立自强。要有力统筹教育、科技、人才工作。布局实施一批国家重大科技项目，完善新型举国体制，发挥好政府在关键核心技术攻关中的组织作用，突出企业科技创新主体地位。提高人才自主培养质量和能力，加快引进高端人才。

第三，充分调动地方和基层推动改革的积极性、主动性。目前深化供给侧结构性改革中存在的问题，有的是因为一些地方顶层设计难以落地，改革流于空转；有的是因为一些领域行政化色彩较浓，"一刀切"容易带来后遗症。解决这些问题，一个重要途径是建立健全改革创新激励机制，让各地区、各部门和经济主体大胆探索，打通改革"最后一公里"。①

二、高效启动需求改革，增强供给体系对国内需求的适配性

首先，需要明确高质量内需的内涵。第一，高质量内需是与供给动态平衡的内需。高质量内需必须与供给侧有适配性，如果当期总量不平衡，可能会产生经济萧

---

① 刘元春．以供给侧结构性改革推动高质量发展．人民日报，2018-08-14.

条、通货膨胀，这对于经济的可持续性会造成很大冲击。第二，消费和投资之间要实现良好的匹配性。比如，过去对钢铁、水泥等行业直接刺激从而使其畸形发展，导致这些行业的发展构建在泡沫经济之上，从而造成严重的未来的产能过剩。在新时代，动态平衡对此就要有所管控和调整。第三，内需和外需的匹配性。扩大内需并不意味着不扩大外需。在构建新发展格局的背景下，在全球百年未有之大变局中，我们更需要开拓国际市场，但要以内需的完整性和安全性，以及国内技术的自给自足、自我控制力的提升作为基础，而不是贸然进行全球投资。如果没有技术上的可控性和产业上的长板，没有与交易者进行博弈的砝码，贸然进行全球布局就会出现问题。内需的总量和结构的平衡、内需与外需之间的动态平衡，是国民经济循环畅通的大前提，也是衡量内需高质量的重要标准。

其次，要高效启动需求改革。为了促进国民经济循环的健康发展，不仅要在供给端做足文章，同时要配合以需求侧的调整。需求的管理是扩大内需战略最重要、最基础的战略举措。

在中国特色宏观调控体系中，短期需求侧管理往往通过积极的财政和货币政策，以补贴、转移支付和降低利率等方式使短期投资和消费进行扩大。与此同时，需求侧管理还隐含着需求侧的制度改革，以及需求侧的整体运行机制的改革和调整，也蕴含着与需求结构相对应的一系列结构性变化。

第一，通过收入分配体系特别是初次分配的改革，使国民收入的大蛋糕在民众分配比重上有所扩大，且存在一个黄金分割比例，不是越多越好，这需要在收入分配上做出更大的调整。

第二，消费服务体系要按照消费群体分类来提供精准的与需求相匹配的公共服务和公共基础设施，从而降低民众消费所面临的高成本。比如，近几年农村消费增长速度很快，很重要的原因是电商技术、线上销售渠道向农村全面下沉，广大农村人能够用很便宜的价格购买到城市的时尚商品，使农村的消费潜能得到很大释放。再如，对于公租房、廉租房、保障房供给的提高，使很多中产阶层不需要购买商品房，而通过公有产权的形式大大降低居民债务率的上升速度，从而使居民在购房上的资产支出和与房地产相关联的支出能够得到很好的替代，并且转换成其他的消费基金。我们知道，简单通过扩大房地产市场来实现扩大内需是饮鸩止渴，会成为国民经济循环畅通最大的堵点。要加大城镇化过程中对于中低收入阶层住房的扶持力度，在进行房地产调控中，要加强保障性住房的供应，"市场轨"和"政府轨"要两轨并行，这对未来经济的提升和消费能力的释放、对大量资金能够用于研发和技术创新至关重要。

消费提升包括有可支配收入可供消费和有意愿消费。这涉及总量和结构问题，以及整体收益和消费成本问题。在政策层面要齐头并进，不是简单给居民发消费券就能够启动消费。因此，需求侧管理需要总量性政策与结构性政策的搭配、需求侧和供给侧的搭配、制度改革和管理方式的搭配。①

第六节　以高水平开放迎接未来格局的变化

一、坚持统筹开放与发展安全的原则

在发展的同时，我们还要更加强调安全的维度。我国正处于经历百年未有之大变局的加速期，以及全球经

---

① 刘元春．扩大内需战略基点需要体系化政策．中国经济评论，2021（3）：10-13．

济格局的重构期，这种变化过程必然存在大量的风险和挑战。[①]

在经济持续对外开放中，我国将面临五个方面的挑战：

第一，新冠病毒不断变异导致进行科学化、精准化疫情防控的成本增加，我国经济发展面临超级不确定性。

第二，俄乌冲突带来的外溢效应，导致部分国际大宗商品价格迅速上扬，且欧美存在利用俄乌冲突加剧与中国纷争的可能性，国际政治环境不确定性加剧。

第三，对外贸易景气程度不确定，存在外贸转移的替代效应，且中美关系并没有因为俄乌冲突出现缓冲期，复杂的地缘政治环境加剧了外贸不确定性。

第四，资本市场不确定性加剧。首先，美国存在对中国资本市场进一步打压的可能性。截止到 2022 年，"预摘牌"中概股数量上升至 159 家，这意味着美国对我国头部互联网和科技企业的"围堵"还在加剧。其次是美国货币政策加速实施，美元指数持续上升，导致发展中国家存在资本超预期外流的可能。当前导致中国资本

---

① 刘元春. "十四五"，我国应构建"以内促外"新竞争力. 企业观察家，2021（2）：26-27.

市场动荡的主要因素没有得到根本性消除。

第五，世界经济可能陷入滞胀，出现二次衰退。2022年4月，国际货币基金组织发布的《全球经济展望报告》认为，战争将会拖累经济复苏，全球经济增速预计将从2021年6.1％的估计值下降至2022年和2023年的3.6％。2022年和2023年的经济增速预测值分别较2022年1月的预测值下调了0.8和0.2个百分点。

外部环境对中国经济也会产生很大影响。

一方面，中国企业面对复杂的外部环境可能会承担经济安全风险。比如，未来我国外贸企业可能会因为逆全球化的因素，导致产业链、供应链面临断裂的风险；跨国企业在进行全球投资布局的过程中，可能会因为区域政治风险、区域经济风险的新变化而遭受损失。所以，我国对于扩大开放过程中的安全性、国际风险的把控能力，必须要与经济发展的规模、速度相匹配。

另一方面，当今世界数字经济蓬勃发展背景下，信息安全成为不可回避的问题，尤其是我国企业在海外上市时的我国国民信息安全问题，因此构建全面的安全网络中信息安全这一维度至关重要。比如，针对滴滴全球股份有限公司在运营过程中非法收集各类乘客信息、破坏我国信息安全的案例，2021 年 7 月 2 日，我国网络安全审查办公室对滴滴出行启动网络安全审查；7 月 4 日，国家网信办宣布下架滴滴出行 APP，并要求滴滴出行科技有限公司严格按照法律要求，参照国家有关标准，认真整改存在的问题，切实保障广大用户个人信息安全；7 月 7 日，滴滴在微信、支付宝上的小程序被下架；7 月 9 日，滴滴企业版等 25 款 APP 被下架；7 月 16 日，七部门进驻滴滴开展网络安全审查；12 月 3 日，滴滴启动在纽交所退市工作。2022 年 7 月 21 日，国家网信办对滴滴 16 项违法事实处以 80.26 亿元罚款。

因此，大国经济发展必须要把安全问题上升到一个新的高度，牢固树立安全发展理念，加快完善安全发展体制机制，补齐相关短板，维护产业链、供应链安全，积极做好防范化解重大风险工作。

《中共中央关于制定国民经济和社会发展第十四个五年规划和二〇三五年远景目标的建议》指出，要统筹发展和安全，建设更高水平的平安中国，其中要确保国家经济安全，具体包括：加强经济安全风险预警、防控机制和能力建设，实现重要产业、基础设施、战略资源、重大科技等关键领域安全可控；实施产业竞争力调查和评价工程，增强产业体系抗冲击能力；确保粮食安全，保障能源和战略性矿产资源安全；维护水利、电力、供水、油气、交通、通信、网络、金融等重要基础设施安全，提高水资源集约安全利用水平；维护金融安全，守住不发生系统性风险底线；确保生态安全，加强核安全监管，维护新型领域安全；构建海外利益保护和风险预警防范体系。①

二、从传统简单开放格局和开放模式过渡到制度型开放，构建更高水平的制度体系、营商环境

《中共中央关于制定国民经济和社会发展第十四个五年规划和二〇三五年远景目标的建议》中指出，要实行高水平对外开放，开拓合作共赢新局面。坚持实施更大范围、更宽领域、更深层次对外开放，依托我国大市场优势，促进国际合作，实现互利共赢，其中要建设更高水平开放型经济新体制，具体包括：全面提高对外开放水平，推动贸易和投资自由化便利化，推进贸易创新发展，增强对外贸易综合竞争力；完善外商投资准入前国民待遇加负面清单管理制度，有序扩大服务业对外开

① 中共中央关于制定国民经济和社会发展第十四个五年规划和二〇三五年远景目标的建议. 新华社，2020-11-03.

放，依法保护外资企业合法权益，健全促进和保障境外投资的法律、政策和服务体系，坚定维护中国企业海外合法权益，实现高质量引进来和高水平走出去；完善自由贸易试验区布局，赋予其更大改革自主权，稳步推进海南自由贸易港建设，建设对外开放新高地。稳慎推进人民币国际化，坚持市场驱动和企业自主选择，营造以人民币自由使用为基础的新型互利合作关系。发挥好中国国际进口博览会等重要展会平台作用。①

要建设更高水平开放型经济新体制，必须实施更大范围、更宽领域、更深层次的全面开放。通过更大范围的开放，优化对外开放的空间格局，引导沿海内陆沿边开放优势互补、协同发展。更宽领域的全面开放，不仅包括扩大对外贸易、跨境投资合作，还包括深化和拓展资金、人才、科技等领域国际合作，完善要素市场化国际化配置，使商品、要素等领域开放形成协同效应。实施更深层次的全面开放，需要推动由商品和要素流动型开放向规则等制度型开放转变。一方面完善我国涉外经贸法律和规则体系，推动规则、规制、管理、标准等制

---

① 中共中央关于制定国民经济和社会发展第十四个五年规划和二〇三五年远景目标的建议. 新华社，2020-11-03.

度型开放；另一方面积极参与世界贸易组织改革，推动完善国际经贸规则，与国际社会一道共同构建以规则为基础的多边贸易体系。①

三、通过内循环强化关键核心技术，构建新合作平台、新竞争力，提高产品质量和价值含量、国际市场定价能力

在高水平开放中，中国要通过内循环突破和强化关键核心技术，才能够实现中国对外开放所提供的产品和服务的水平提升，才能够实现真正的高水平开放。过去中国的科研经费等投入存在重应用、轻基础的问题。在"十四五"期间，中国政府和企业将会在基础研究投入方面积极实施"倍增"计划，预计会从 2020 年的 1 467 亿元增长到 2025 年的 3 518 元左右。依据美国在基础研究方面的投入规模，其在 2020 年就达到了 7 759 亿元，因此，中国要全方位应对美国在科技创新方面的封锁和遏制策略，就必须尽快在基础研究投入方面取得规模优势，再逐步取得质量优势。为此，在"十五五"末，中国在基础研究投入规模方面必须实施追赶美国的发展计划，

---

① 王卓. 学习领会习近平总书记在经济社会领域专家座谈会上重要讲话精神之五：新优势：开放怎样高水平. 中央纪委国家监委网站，2020 - 09 - 02.

有必要尽快达到 8 000 亿元左右的投入规模。① 只有通过加大基础研究投入，才能搞明白一切关键核心技术的源头，才能提高我国自身核心科技水平，从而提高产品质量和价值含量，以及提升我国在全球价值链产业链中的位置和我国在对外开放中的综合竞争力，实现真正的高水平开放。

四、面对全球化的不稳定环境，率先以高水平开放使中国成为国际经济金融中心

在百年未有之大变局下，世界经济格局已发生根本变化，南北经济之间的比例、大国经济之间的关系处于全面重构的时代。更为重要的是，自 2008 年以来，逆全球化的发展、美国"退群"的决策，以及各国民粹主义、保护主义的崛起，直接导致全球步入长期停滞的状态。这种状态一方面意味着全球化的收益和成本发生重大变化，另一方面也意味着全球化的红利、分配也将发生革命性变化，由此产生的利益冲突也将发生革命性变化，而这种变化在新冠疫情冲击下导致出现了超级裂痕，加速了逆全球化，加速了大国博弈的激化，也加速了整个世界格局和全球治理体系的重构。从外部环境来看，整

---

① 迈向双循环新格局的中国宏观经济. 中国宏观经济论坛，2020.

个世界发展格局正处于加速裂变的关键期。

新冠疫情暴发以来，美国股市多次停摆，美国国债收益率甚至出现负利率；再有，全球同步实施非常规的货币政策，发达国家脱实向虚的趋势明显。资本和金融在新兴经济体与金融中心国家之间的震荡还将进一步持续。① 中国要调整自身的金融体系，使之能够更好地服务于中国经济高质量的发展、民族的崛起、大国的复兴。同时，在动荡的全球环境中，在逆全球化浪潮中，中国率先的高水平开放将有助于中国成为国际经济金融中心。

经济全球化进程发生逆转，新冠疫情蔓延也加剧了逆全球化的趋势，发达国家内顾倾向上升，全球产业链供应链发生局部断裂，对我国经济循环产生重大影响。过去我们针对西方市场实施出口导向的发展战略的环境条件已经发生重大变化，必须根据形势的变化，提出引领发展的新战略和新思路。这就要重视和利用我国日益强大的国内市场。随着中国经济实力的不断加强以及国内购买力的增强，中国市场不仅可以为自身经济增长提供有力支撑，还可以为带动世界经济增长作出中国贡献。

---

① 刘元春：中国金融、中国经济面临着新的发展机遇和发展格局．新浪财经，2020 - 07 - 25.

中国的超大市场优势可以为稳定世界经济发挥重要作用。①

在疫情期间，人民币国际化程度有所反弹。其主要原因在于：第一，独树一帜的经济表现是人民币国际化的坚实支撑；第二，在中美贸易冲突背景下，中国金融开放逆势加剧；第三，人民币直接投资快速增长；第四，人民币储备资产上升。大国崛起最为关键的标志就是构建出安全、可控、富有弹性韧性、以内为主、控制世界经济关键环节的经济体系。货币国际化水平并非简单取决于贸易依存度、投资依存度、对外投资比重的水平，更为重要的是摆脱经济依附关系，转型成为世界强国，以及经济发展的动力、金融定价的权力及对各种政治军事风险的控制力。"国内大循环"决定国内消费市场、投资市场的规模和结构，从根本上创造人民币需求；"国际大循环"实现国际范围内的包容性发展和风险分散，有助于增强我国发展的高效性和稳健性，增加人民币的国际使用场景和黏性。② 人民币国际化与中国成为国际经

① 刘志彪. 发挥我国超大规模市场优势的必然之举. 北京日报，2022 - 04 - 20.

② 刘元春：新发展格局下的人民币国际化新思路. 新浪财经，2021 - 07 - 27.

济金融中心是相辅相成的。

我国要积极推动共建"一带一路"高质量发展，积极参与全球经济治理体系改革；积极参与世界贸易组织改革，推动完善更加公正合理的全球经济治理体系；积极参与多双边区域投资贸易合作机制，推动新兴领域经济治理规则制定，提高参与国际金融治理的能力。① 未来中国应该逐步成为世界贸易中心、国际结算中心乃至商品和金融服务定价中心。

_____

① 中共中央关于制定国民经济和社会发展第十四个五年规划和二〇三五年远景目标的建议. 新华社，2020 - 11 - 03.

第五章

构建新发展格局的
重点战略举措

第一节　以新发展格局激发新优势

自 20 世纪 80 年代以来，中国通过市场化改革，构建起了外向型经济模式，取得了经济高速增长的奇迹。但是，随着经济全球化进程出现新变化，全球化红利递减，关键技术"卡脖子"约束日益严重，依赖国际大循环的出口导向发展战略难以适应新的要求。历史经验表明，大国经济在发展过程中，没有强大的内部经济循环体系，就难以形成不断提高的竞争力和驾驭全球资源配置的能力。① 要构建起新的经济模式，需要实现国内市场和国际市场更好地联通，更好地利用国内国际两个市场、两种资源，需要逐步转向以国内大循环为主体、国内国际双循环相互促进的新发展格局，实现更加强劲可持续的发展。在世界经济增速预期下调的背景下，对于作为复苏较快的经济体之一的中国，新冠疫情既是负面冲击，也是发展格局转变的机遇，为实现"弯道超车"提供了时间窗口，节约了战略转型成本。加快形成新发

---

① 刘元春. 以新发展格局激发新优势（新论）——加快形成新发展格局. 人民日报，2020 - 08 - 19.

展格局，中国经济将不断激发新优势，乘风破浪、行稳致远。

一、以超大市场需求促进创新驱动转型

构建新发展格局是以国内大循环为主体，而国内大循环的畅通，需要供给与需求之间的协调和均衡。扩大内需是新发展格局的战略基点。

一方面，新发展格局的构建，将以有效需求牵引并刺激供给，这是社会主义市场经济的客观要求。在市场经济条件下，供给的增长和结构性改革首先必须适应市场需求的变动、满足市场需要，有效需求的扩张是供给增加的前提，需求结构的变化是供给结构演变的导向，不能脱离市场需求盲目扩大供给。忽视需求对供给的牵引和引导，就是忽视市场竞争对生产和国民经济的约束，就是否定和无视市场竞争规律，结果只能是增加不被市场承认的无效供给和严重的产能过剩，造成资源配置的无效率和配置损失。为了促进国民经济循环的健康发展，不仅需要在供给端做足文章，同时也要配合以需求侧的调整。需求的管理是扩大内需战略的最重要、最基础的战略举措，也就是说，要扩大有效需求，真正使我国超大规模市场的潜力进一步得到挖掘，使供需进一步平衡。

在这种需求牵引供给、供给引导需求的动态平衡中，需求政策拘泥于过去逆周期调整层面的短期宏观政策刺激，就必须要从制度、机制、体制、一揽子政策等层面共同做文章，真正打通生产、流通、消费、分配各个环节所面临的断点堵点，使我国内需所面临的一系列扭曲问题得到解决，使我国内需潜力得到释放。因此，需求侧管理作为构建新发展格局过程中的一项重要举措，就是以需求侧所面临的一系列问题为切入点，以机制体制的改革和一揽子的政策配合作为基础性工具，以增强供需的适配性、促进国民经济循环畅通作为最终目标，以实现高质量发展作为其落脚点。①

另一方面，新发展格局的构建，也将以优质供给满足需求并创造需求。我国现阶段人民日益增长的美好生活需要与不平衡不充分的发展之间的矛盾突出表现在供给质量与结构不适应需求标准及结构变化上。同时，之所以存在需求疲软、内需不足的矛盾，供给结构扭曲、供给质量不高是重要原因，或者说家庭消费倾向偏低，其重要原因是供给质量的相对落后，而新发展格局就是

① 梁相宜. 首席对策｜刘元春：供需应具有动态适配性. 第一财经，2020 - 12 - 20.

要刺激相关行业的投资需求，带动供给转型。比如在"双碳"目标下，绿色复苏将使短期有效需求得到扩张，从而形成短期需求扩张、中期供给改善的有效路径。

构建新发展格局，将从需求侧为许多社会群体和行业带来新机遇。首先，收入分配改革将会提升人们的消费意愿，对于未来消费预期将起到很好的稳定作用。其次，我国在各项机制体制方面也将带来进一步的改革。例如过去的城镇化进程中，一些政策不到位，导致很多新生社会阶层和社会弱势群体的消费潜力未得到充分释放，比如农民工群体和中低收入人群等。新发展格局的构建，将通过以人为主体的新型城镇化建设，来改善这些群体的收入分配，逐步释放他们的消费潜力，比如通过住房体制改革为农民工提供公租房、廉租房、经济适用房和商品房等一揽子菜单。这些机制体制方面改革的发力，将大大降低居民债务率的上升速度，从而使得居民在购房上的资产支出和与房地产相关联的支出能够得到很好的替代，转换为其他方面的消费。同时，机制体制改革不是仅在一个领域发力，而是环环相扣、与其他政策相互配合。比如，2022 年 5 月 24 日，国务院印发《扎实稳住经济一揽子政策措施》，包括了 33 项政策，其中提出了汽车消费等举措，以便于扩大汽车等方面的消费需求。在城市基础设施、配套的汽车消费等公共品的提供上，比如新能源汽车的充电桩等，会加大政策支持的力度。因此，相关行业也将在机制体制改革中迎来新的发展机遇。未来，我国还会对"六稳""六保"等系列政策做出相应的延续，这些变化都将会给不同群体带来积极影响。

二、进一步建立供给体系新优势

在疫情冲击与全球通胀高企的背景下，世界经济将进入高成本时代。在国外供给能力下降的同时，中国超大生产能力的优势将进一步显化。汽车等制造业产品的价格上涨是本轮通胀的主流，这对中国作为世界制造业中心十分有利。2021年5月到2022年5月，中国出口价格指数从99.6上升到109.6，与此同时进口价格指数从117.4下降到112.7，中国贸易条件指数上升了14.7个百分点，出现这一现象的原因在于欧美对于中国产品的进口需求增加，使我国的规模性制造供给能力得到了大量释放。本轮欧美的高通胀，不仅来源于成本的上升，也来源于供给能力的下降，中国强大的供给能力可以很好填补这个空档。

新发展格局的构建，将建立起应对外部成本冲击的能力，进一步发挥中国供给体系的优势。大宗商品尤其是能源价格的上涨的确会带来中国进口成本的大幅上升，也会给中国经济增长带来一系列的压力，但中国经济目前对于成本冲击的释放能力、缓解能力已经大大提升。本轮石油价格和大宗商品价格大幅上涨，虽然对中国供给端价格（PPI）造成了较大冲击，但是最终产品价格（CPI）没有明显变化，生产者消化了大宗商品原材料上涨带来的成本冲击。很重要的一个原因是，中国在过去20年快速提升的供给能力缓解了目前的成本压力。

国际循环的变化也将促进国内大循环的变化，促进中国供给侧新优势的建立。能源价格和基础产品的价格提升，将促进我国新能源战略和新型战略产业体系全面崛起，推动我国经济全面升级，帮助中国成为世界新能源的中心和新经济的中心。党的十八大以来，我国在新能源、新技术方面有了全面提升，在制造业上的地位进一步夯实，在新能源汽车、新能源非化石能源生产领域基本上已成为世界第一。截至2021年，我国可再生能源发电量2.48万亿千瓦时，占全社会用电量的29.7%[①]；截至2022

---

① 水电水利规划设计总院. 中国可再生能源发展报告：2021. 北京：中国水利水电出版社，2022.

年年底，我国新能源汽车保有量已经达到 1 310 万辆，超过欧洲位居全世界销量第一位。更为重要的是，我国提前对于新兴产业和新能源技术的全面布局，已经使我国相应产业开始步入可商业化的新阶段，可以充分发挥我国举国体制、超大经济体的潜在优势。因此，石油和天然气等传统化石能源价格的提升反而成为我国新能源和新技术发展的新的助推剂，我国将逐步建立起自身供给体系的新优势。

全球经济的滞胀为我国经济发展带来了挑战，也创造了新的机遇。我们必须重新审视自身的产业政策，充分发挥大市场、大制造、低成本的优势。同时，进一步提升技术进步，在新能源、新技术方面完成加速性赶超，实现全球滞胀背景下的"弯道超车"。为此，我们需要坚持以我为主，进行内部战略再定位、再调整，抓住契机进行全面、关键性改革政策的推出，以新发展格局促进供给侧新优势的形成。

当然，在构建新发展格局的过程中，必须对中国的产能过剩问题进行审慎的研判，避免陷入"一刀切"的误区。1999 年和 2001 年，我国进行了大规模的产能调整，但在加入 WTO 后发现，大量的过剩产能转换成了强大的出口能力。因此，在新一轮滞胀中，将庞大的生产潜能转换成有效的供应能力，将是构建新发展格局的一个战略重心，这就要求我们不能简单通过"一刀切"式的关停并转来处理过剩产能，必须前瞻性地研究全球滞胀背景下未来需求格局和供应格局的新变化。

另外，构建新发展格局的过程中也要避免对政策目标进行层层分解而产生误解。以"双碳"目标为例，习近平总书记在第七十五届联合国大会上郑重宣布，中国将提高国家自主贡献力度，采取更加有力的政策和措施，二氧化碳排放力争于 2030 年前达到峰值，努力争取 2060 年前实现碳中和。碳中和目标的提出既彰显我国的责任担当，也是我国实现高质量绿色发展的必然要求。但碳中和不仅是一个环境问题，还是一个经济问题，会对经济发展施加一项硬约束，这势必会对我国产业布局、能源结构和经济增长路径产生深远影响。[①] 对于"碳达峰"目标来说，就有许多误区需要避免。"碳达峰"并不要求每个部门、每个区域同步达峰。"碳达峰"的过程中，有些部门必须率先达峰；有些部门有可能在达峰之

---

① 刘元春，郝大鹏，霍晓霖. 碳中和经济学研究新进展. 经济学家，2022（6）.

后，其碳排放量还会由于行业特殊性而继续增长。如果同步进行碳排放改革，就会给很多行业发展带来瓶颈和约束，从而导致很多国民经济循环出现堵点甚至断点。因此，"碳达峰"需要通过技术创新和能源体系转型来实现，而不是在经济的人为降速过程中实现。因此，"碳达峰"是国家层面碳排放的政策目标，而不是每个部门、每个区域同步实现"碳达峰"目标；要避免层层分解带来的政策误区，避免给供给侧带来过高的成本压力。[①]

第二节　解决双循环战略的"短板"问题

一、双循环战略中的三个"短板"

当前，我国双循环战略的实施过程中面临着三个方面的"短板"：一是关键技术与核心技术发展的相对滞后；二是新冠疫情与国际形势变化的冲击之下供应链与产业链的韧性受到考验；三是产业安全的内涵与实践在新时代需要进一步拓展。补齐这三个方面的短板，既是"十四五"期间的任务，也是构建以国内大循环为主体、国内国际双循环相互促进的新发展格局的必要举措。双

---

① 刘元春."双碳"要避免层层分解. 北京日报，2022 - 01 - 28.

循环战略的关键是核心和关键技术的突破，是技术创新。产业链、供应链安全、产业链基础现代化，以及供应链升级和高级化首先要有技术创新。

新发展格局以科技创新为战略支撑。实现高质量发展，必须实现依靠创新驱动的内涵型增长。现代经济体系的构建及竞争力的提升，根本在于创新的支撑。产业链的断点、堵点和国民经济循环受制于人的短板得以克服，要害在于创新力上能否突破。因此，大力提升自主创新能力，尽快突破关键核心技术，是关系我国发展全局的重大问题，也是畅通国民经济循环的关键。

二、突破"卡脖子"技术约束

实现双循环战略，中国要解决的第一个短板问题就是"卡脖子"技术问题。"卡脖子"技术不单指某一项关键核心技术，而是一些关键核心技术的组合，这些技术对于整个产业发展的技术瓶颈都具有关键意义。[①] 因此，解决"卡脖子"技术问题对于中国产业升级有着重要意义。改革开放四十多年来，我们顺应全球化潮流，以"两头在外"的发展模式实现了经济的高速增长，但这种

---

① 陈劲，阳镇，朱子钦."十四五"时期"卡脖子"技术的破解：识别框架、战略转向与突破路径. 改革，2020（12）.

模式也导致我国很多核心技术和核心部件都依赖于全球分工体系，技术主要来源于"引进、消化、吸收、再创新"。数据显示，我国在核心基础零部件、关键基础材料、先进基础工艺和行业基础技术等产业基础方面共有600多项短板。当前，我国在芯片、软件、高端材料等至少35个关键核心技术创新领域，面临着进口依赖度高、市场占有率低、与国外差距大等问题。在逆全球化和大国博弈的环境中，这种核心技术受制于人的情况很容易给中国的产业链、供应链带来根本性冲击。党的二十大报告指出，要完善科技创新体系，坚持创新在我国现代化建设全局中的核心地位，加快实施创新驱动发展战略。因此，要构建双循环新发展格局，我们必须要在技术层面通过基础研发和集成性创新来突破目前的"卡脖子"技术约束，改变不对称博弈的现状。

新发展格局以新发展理念为战略引领，以建设现代化经济体系为战略目标。创新，特别是核心技术的创新，将成为构建新发展格局的关键一环。经济发展进入新阶段，技术进步再主要依靠模仿式的学习已不可能，核心技术是买不来、要不来的，只能依靠自主创新。党的十八大以来，我国在关键核心技术研发方面已经进行了大量的规划和投入。"十三五"期间，我国在技术研发方面进行了大量布局，包括基础性研究、产教融合和科教融合的课题，以及举国体系下的科技攻关项目等。我国全社会研发经费支出快速增长，由 2016 年的 1.55 万亿元增长到 2020 年的 2.44 万亿元，占 GDP 的比重已经达到 2.4%。

构建双循环新发展格局，需要改革科技创新体系，提升自主创新能力，尽快突破关键核心技术，牢牢把握创新驱动这个国内经济大循环的核心动力源。[1] 因此，《中华人民共和国国民经济和社会发展第十四个五年规划和 2035 年远景目标纲要》（简称"十四五"规划）将科技创新摆在各项任务的首位，强调强化国家战略科技力量，强调抓好人才和机制两个关键点，表明实现发展方式的根本转变，推动经济从高速增长向高质量发展的转变，关键在于创新带来的效率革命和动能转换。[2] 现代经济体系的构建及竞争力的提升，根本在于创新的支撑。产业链的断点、堵点和国民经济循环受制于人的短板能否得以克服，要害在于创新力上能否突破。[3]

---

① 刘元春. 深入理解新发展格局的丰富内涵. 光明日报，2020-09-08.

② 中央经济工作会议在北京举行. 人民日报，2020-12-19.

③ 刘伟. 经济发展新阶段的新增长目标与新发展格局. 北京大学学报（哲学社会科学版），2021（2）.

全面启动核心技术攻坚战，总结起来主要包括两个方面的举措：一是以举国体制为主的基础研发和重点研发；二是大市场所孕育的市场化创新项目。一方面，党的十九届四中全会提出，要加快建设创新型国家，强化国家科技力量，构建社会主义市场条件下关键核心技术攻关新型举国体制。因此，发挥我国的制度优势，集中优质资源进行核心技术攻关，将是"十四五"期间的一项重要举措。另一方面，企业作为创新主体之一，企业家的创新活力也将是构成新发展格局的核心要素。这"两条腿"相结合，将会促进我国在关键技术、关键环节产生大的突破，也是中国从科技大国向科技强国迈进的必经之路。[1]

三、实现供应链自主可控

实施双循环战略，中国要解决的第二个短板问题是各产业链和供应链所面临的风险。即使许多传统产业没有出现"卡脖子"问题，但由于疫情冲击、国际政治形势不稳定等多重因素，供应链的不确定性在不断增强，全球化红利逐步衰减以及结构性问题加剧，也使得产业

---

[1] 刘元春. "十四五"，我国应构建"以内促外"新竞争力. 企业观察家，2021（2）.

链将出现以下变化：第一，在民粹主义作用下，部分发达国家的制造业回流，产业链将加速缩短；第二，现有的单一产业链会演化为多元的、可替代的、风险可控的产业链体系。党的二十大报告指出，要着力提升产业链供应链韧性和安全水平。因此，我们必须要在全球的供应链、销售链上形成新格局、新思路和新风险管控方式，只有这样才能使中国的发展安全可控，才能使我们的竞争力在高度不确定的环境中得到确定性提升，更好地构建双循环新发展格局。

产业链的安全稳定是大国经济循环畅通的关键。过去，中国作为世界加工和制造的工厂，吸引了大量低端产业链进入国内，由此也带来了一系列的问题。要想摆脱"中等收入陷阱"，构建新发展格局，必须要改善整体营商环境，建设更加高端、现代化的产业链。产业链的布局和对产业链的控制能力影响了一个国家的综合国力，产业链的高端化、现代化对于一个国家的发展来说是至关重要的。因此，"十四五"规划中提出，要形成具有更强创新力、更高附加值、更安全可靠的产业链供应链。2022年5月24日国务院发布的《扎实稳住经济的一揽子政策措施》中，也推出了七项保证产业链、供应链稳定的政策，从而降低企业成本、保障物流通畅。

　　首先要巩固我国传统产业链的已有优势。这一方面要求我们实施降成本专项行动，切实降低土地成本、融资成本、能源电力成本、物流成本、原材料成本和企业实际税负，防止产业链过快外迁。另一方面，要加快传统产业智能化绿色化升级改造，推广绿色生产工艺和技术装备，提高劳动生产率。推进先进制造业和现代服务业深度融合，培育新产业新业态。[1]

　　其次要推动产业链进一步升级。这一方面要求促进国内企业的技术创新，另一方面也要吸引国外的高端产业链在中国布局，而二者的重点都在于营商环境的提升。从产业链在各国的分布状况可以看出，一些关键领域、核心领域的产业链对营商环境的要求非常高。根据世界银行发布的《全球投资竞争力报告（2019—2020）》，大部分核心产业、核心技术的产业链主要分布在营商环境较好的国家，比如发展速度排名前三十位的国家中，有73％具有良好的营商环境。[2]

---

　　①　盛朝迅. 新发展格局下推动产业链供应链安全稳定发展的思路与策略. 改革，2021（2）.

　　②　World Bank Group. Global Investment Competitiveness Report 2019/2020：Rebuilding Investor Confidence in Times of Uncertainty. Washington，DC：World Bank，2020.

最后要构建以国内大循环为主体、国内国际循环相互促进的新发展格局，进行产业基础高端化、产业链高级化。要在政府改革上做足文章，要真正将建立有为政府和有效市场作为关键点以实现深化改革、全面突破，使各个地方从传统的招商引资竞争过渡到营商环境竞争新阶段，这对于产业链的重新布局和国内产业链安全性建设、产业链的高端化和现代化来说是一个至关重要的命题。

四、建立相关行业"备胎"方案

实施双循环战略，中国要解决的第三个短板问题是产业安全问题。疫情带来的停滞，实际上意味着新的逆全球化的过程会在原来的基础上加剧，同时随着俄乌冲突的爆发，我国的外部环境变得更加复杂、更加严峻，直接导致大宗商品价值上涨，全球通胀雪上加霜，从而导致输入性成本冲击加剧，产业链安全问题上升到前所未有的高度。2022 年 4 月 29 日，中共中央政治局会议强调，疫情要防住、经济要稳住、发展要安全，这凸显了发展安全的重要性。党的二十大报告进一步指出，加强重点领域安全能力建设，确保粮食、能源资源、重要产业链供应链安全。因此，在构建新发展格局的背景下，产业安全的内涵要有所扩展，要在相关行业建立一定的"备胎"方案。

随着产业链、供应链不确定性不断增强，要补齐行业安全的短板，各个行业需要建立起自己的"备胎"方案。在疫情冲击和大国博弈的背景下，许多关键零部件、材料和设备出现了断供，中国要想稳定供应链、产业链、价值链，就必须全面启动相关行业的"备胎"计划。过去，我们有大量行业的关键技术和零部件都依赖于从国外进口。在构建双循环新发展格局的背景下，企业应当及时培育自己的配套体系，培育自己的上下游供应和销售渠道，研发自己的技术。只有建立起"备胎"方案，才能最大限度地规避产业链供应链风险，更好地构建双循环新发展格局。

粮食与能源关系到国民经济发展的命脉，是保障发展安全的重点。发达国家大规模的财政刺激政策和俄乌冲突的爆发，导致国际大宗商品价格快速上涨，不仅对我国的粮食安全与能源安全造成了威胁，也对下游生产企业造成了巨大的成本压力。因此，在2022年5月国务院推出的33项稳经济政策中，就有从健全完善粮食收益保障、释放煤炭优质产能、提高原油储备能力等三个方面提出的 5 项保障粮食和能源安全的政策，目的就在于保障粮食与能源的产业安全。

在构建双循环新发展格局的背景下，必须兼顾开放与安全两个方面。新冠疫情带给整个全球产业链、价值链最大的启示在于，我们必须在发展和安全之间寻找一种新的平衡，这种新的平衡意味着全球产业链、价值链必须要变得更短、更宽。[①] 因此，我们需要在内部产业链与国际产业链的对接过程中，形成新策略、新思路，而不是简单地走出去，简单地进行单一的供应链、产业链布局。要统筹效率与安全两个维度。所以，一方面要在"一带一路"等开放领域进行高质量、风险可控的建设；另一方面也要对落后地区产业链的深化形成一些新思路。

第三节　构建"以内促外"新竞争力

一、培育国内大循环新的增长动力源

中国过去 40 多年的经济增长依赖于"两头在外""以外促内"的发展模式。2020 年 7 月，习近平总书记

---

① 刘元春：疫情下的全球产业链、价值链必须要变得更短、更宽.新浪财经，2021 - 04 - 11.

在企业家座谈会上提到，以前，在经济全球化深入发展的外部环境下，市场和资源"两头在外"对我国快速发展发挥了重要作用。在当前保护主义上升、世界经济低迷、全球市场萎缩的外部环境下，我们必须充分发挥国内超大规模市场优势，通过繁荣国内经济、畅通国内大循环为我国经济发展增添动力，带动世界经济复苏。要提升产业链供应链现代化水平，大力推动科技创新，加快关键核心技术攻关，打造未来发展新优势。①

"十四五"时期是我国从高速发展阶段迈入高质量发展阶段的第一个五年，也是为 2035 年我国基本实现社会主义现代化打下坚实基础的五年。同时，"十四五"时期也将是百年未有之大变局加速演进的时期，中国将处于大国博弈激化阶段，在贸易、人力资本、技术等诸多方面面临挑战。因此，高质量发展所需要的发展模式、发展格局和发展的制度基础，在"十四五"时期需要有进一步的改革和提升。其中，跨越"中等收入陷阱"、进入高收入发展阶段是基本实现社会主义现代化的一个重要

---

① 习近平. 在企业家座谈会上的讲话（2020 年 7 月 21 日）. 新华社，2020 - 07 - 21.

要求，这需要我们在经济建设和社会建设两个方面都取得巨大进步，在发展目标和发展模式方面也需要有新的内涵、新的要求。

新发展格局要求我们构建"以内促外"的新发展模式、新竞争力，其中经济增长核心动力源的转换十分重要。"以内促外"指的是经济发展以国内大循环为主体、国内国际双循环相互促进的新发展格局，在这样的发展模式下，外贸依然是中国经济发展非常重要的一环，也是整个经济全面升级、全面提质的核心动力源之一。但我们也必须看到，"十四五"期间有可能是逆全球化、单边主义、孤立主义、民粹主义全面兴起的时代。中国作为全球第二大经济体，不能过度依赖以外需、投资作为拉动经济增长的主要动力，核心动力源必须要有所调整，需要更加注重培养国内大循环的内生动力。因此，"十四五"期间要构建的新竞争力，不是来源于"以外促内"或"两头在外"，而是来源于国内经济大循环的产业，来源于我国自主创新能力的提升，来源于资源配置能力和效率的提升。

"以内促外"新竞争力的构建需要供给与需求层面的结构性改革。过去我们是以开放促改革，未来我们要以改革促发展。构建新发展格局的本质要求在于推动实现国民经济均衡增长和协调发展，即国民经济在生产和再生产的各个方面、各个领域、各个环节之间的畅通，在总量方面体现为供求关系的均衡和国内与国际经济之间的均衡，在结构方面则体现为国民经济中各个方面的均衡，即国民经济在生产、分配、流通、消费各方面的协调，社会经济发展与安全之间的统一，经济增长与资源环境约束之间的和谐等。其中，经济增长领域的要点在于供给与需求的动态适配。从经济体制条件来讲，社会主义市场经济条件不能脱离市场需求刺激供给；就经济发展阶段性特征而言，作为发展中国家，我国仍未超越供给创造需求的时代。因此，培育国内经济大循环的内生动力，需要增强供给和需求的市场适配性，以有效需求牵引供给，以高质量供给满足需求并创造需求。经济均衡增长和协调发展是资源配置的最佳状态。我国经济发展进入新阶段，对经济均衡协调提出了更高的要求。新发展格局是适应这种均衡状态目标的新要求而提出的，实际上也是为克服长期非均衡高速度增长所形成的种种矛盾，尤其是深层次的结构性失衡，适应新约束条件下实现现代化目标的新要求，而提出的向更加均衡、更高质量发展的深刻转变。这种从非均衡向均衡增长动态的转变，包含发展理念、发展方式等方面的根本转变。①

构建"以内促外"新竞争力、实现内生增长动力源的转变，需要在制度和机制体系方面解决我国在国内经济大循环中所面临的各种问题和扭曲。首先是改善收入分配格局，促进共同富裕的实现。我国具有超强的供给能力，但是尚未形成规模与之对应的有效需求，其中一个重要原因就是收入分配问题。因此，应当通过制度和机制的改革，使居民、政府、企业等主体与其功能相匹配，从而使居民能够获得较高的收入来形成有效消费需求。其次，要在消费的过程中调整政府消费和私人消费之间的关系，不能因为政府的过度消费挤占居民的消费空间，避免政策的挤出效应。最后，要在居民的消费替代上做文章。过去，由于房地产价格过快上涨和部分公共服务的缺失，导致大量的居民消费需求受到挤压，消费支出结构畸形，抑制了居民消费进一步升级。如果房地产价格能够保持在合理区间，居民的债务率能够有效

① 刘伟. 经济发展新阶段的新增长目标与新发展格局. 北京大学学报（哲学社会科学版），2021（2）.

下降，那么消费替代现象就将有效减少。另外，如果教育、医疗、社会公共服务上的供给能力得到进一步提升，那么居民的消费挤占问题也会得到很好地缓解。①

但我们也不能把以国内大循环为主体、国内国际双循环相互促进的新发展格局与以往的实践和发展理念对立起来。以国内大循环为主体绝不是闭关锁国，也不是简单的出口转内销，而是立足国内消费转型升级，以国内完整分工体系作为依托，以生产、消费、分配、流通等多环节全面顺畅为核心要点，通过创新驱动和供给侧结构性改革，打通我国经济循环当中的堵点和断点，使得我国经济能够实现静态和动态的资源配置，同时能够构建"以内促外"的新的竞争力。因此，双循环在本质上是开放的，以国内大循环为主体，依然要求供需对接顺畅，依然要求通过体制创新使营商环境更加优化，依然要求通过供给侧结构性改革打通经济循环的断点和堵点。

二、实现国际循环作用的转变

过去，我国的经济发展模式是以国际循环带动国内循环。而现在需要发挥国内循环对国际循环的带动作用。在过去的发展战略之下，我国主要是通过对外开放推动国内改革，以国际市场来促进国内市场发展，通过参与国际大循环来促进投资、开放内需，这种模式在长期发展中显露出不少弊端。在新发展格局之下，我国经济发展模式需要转变为内需拉动、创新驱动型的经济发展模式，从而以国内大循环带动国际循环，建立符合我国发展阶段的现代化经济体系。

发挥国内循环对国际循环的带动作用，主要包含两方面内容：一是以超大规模的国内市场吸引国际厂商，支撑我国更积极地参与国际循环，从而提升我国在国际贸易、投资活动中的主动权和话语权；二是国内供给体系不断完善，提高供给能力，加强科技创新，突破关键核心技术，增强国内供应链产业链的安全性，提高抵御外部冲击的能力。因此，要加强国内大循环在双循环中的主导作用，塑造我国参与国际合作和竞争新优势。

同时，构建"以内促外"新竞争力，也要重视国际循环对国内经济的补充和促进作用。从历史来看，全球化是不可遏止的必然趋势，虽然近年来欧美部分发达国家逆全球化等社会思潮和政治力量崛起，给全球化的发展进程带来了负面影响，但世界上绝大多数国家和地区已经深深嵌入全球的价值链和产业链当中；尤其是那些逆全球化思潮蔓延的国家和地区，它们正是在这一轮经济全球化迅猛发展中攫取了绝大多数利益的主角。当下，交通设施不断升级完善以及信息传输、通信技术的快速发展使得要素、商品、信息的流动极其便捷，科学技术的扩散也有各种各样的方式和途径。技术进步已经使得任何国家和地区都无法脱离全球化体系孤立地发展。习近平总书记指出，经济全球化是社会生产力发展的客观要求和科技进步的必然结果。融入世界经济是历史大方向。中国经济要发展，就要敢于到世界市场的汪洋大海中去游泳。① 从我国的发展经验来看，改革开放 40 多年来我国经济的高速发展，与开放的政策背景紧密联系。虽然在世界经济下行的压力下，经济全球化可能使得要素分配的矛盾更加突出，各经济体需要面临一些社会问题，但不能因为经济全球化的负面作用而否定其对经济发展的积极作用。国际市场的包容性和竞争性为国内经济发展提供了强大动力，有助于促进国内生产力进步，

---

① 习近平. 共担时代责任 共促全球发展. 人民日报, 2017 - 01 - 18.

推动国内制度环境建设。因此，我国新发展格局的构建需要国际循环的力量。要重视以国际循环提升国内大循环的效率和水平，提升我国生产要素的质量和配置水平。要通过参与国际市场竞争，增强我国出口产品和服务竞争力，推动我国产业转型升级，增强我国在全球产业链、供应链、创新链中的影响力。

构建"以内促外"新竞争力，要实现国际循环作用的转变。过去，国际循环对国内循环的补充作用主要体现在市场、技术方面。党的二十大报告则指出，要"依托我国超大规模市场优势，以国内大循环吸引全球资源要素，增强国内国际两个市场两种资源联动效应，提升贸易投资合作质量和水平"。"十四五"规划中也指出，促进国内国际双循环，需要通过推动进出口协同发展和提高国际双向投资水平两个途径协同发力。后疫情时代，在新的国际格局下，我国要以更高水平的开放参与到国际市场和国际竞争当中，加强与各国在科技、文化、经济等各方面的交流，在国际经贸合作中吸取先进经验，弥补我国发展的短板，发挥国际循环对国内循环在制度、技术创新方面的促进作用。

第四节　构建全国统一大市场

一、建设全国统一大市场的现实意义

2022 年 4 月，国务院发布《关于加快建设全国统一大市场的意见》（简称《意见》），指出建设全国统一大市场是构建新发展格局的基础支撑和内在要求，提出了强化市场基础制度规则统一、推进市场设施高标准联通、打造统一的要素和资源市场、推进商品和服务市场高水平统一、推进市场监管公平统一、进一步规范不当市场竞争和市场干预行为等六个目标。党的二十大报告进一步指出，要深化简政放权、放管结合、优化服务改革，构建全国统一大市场，深化要素市场化改革，建设高标准市场体系，完善产权保护、市场准入、公平竞争、社会信用等市场经济基础制度，优化营商环境。① 因此，构建全国统一大市场将是未来构建新发展格局的重要战略举措。

自 20 世纪 80 年代以来，中国成功赶上了新一轮全

---

① 习近平. 高举中国特色社会主义伟大旗帜 为全面建设社会主义现代化国家而团结奋斗——在中国共产党第二十次全国代表大会上的报告（2022 年 10 月 16 日）. 人民日报，2022 - 10 - 26.

球化的浪潮，制定了"依赖国际大循环开启国内市场化改革，构建内部市场化大循环"的外向型发展战略。但是随着全球金融危机的爆发和全球化进程的变异，这种外向型发展战略所依赖的世界经济发展模式、总体结构、治理体系和运行规律都发生了剧烈变化。依赖国际大循环的出口导向发展战略难以适应新格局、新模式和新使命的要求，开始呈现种种弊端。其中一个重要因素是，内部经济循环的不畅通、分割化和碎片化难以支撑国际竞争力的全面快速提升，进一步开放需要内循环的全力支持。①

建设全国统一大市场是打通国内大循环堵点的一项重要战略举措。流通环节是生产、消费链条的中心环节，只有打通了流通堵点，才能真正发挥出我国超大规模市场的优势。流通环节是产业链上下游、产供销有效衔接实现的必要条件。近年来，伴随经济的快速发展，我国流通体系建设发展迅速，流通产业不断壮大。2021 年交通运输、仓储和邮政业增加值 47 061 亿元，同比增长 12.1％；快递业务量达 1 083.0 亿件，同比增长 29.9％；

---

① 刘元春. 中国经济再出发：理解双循环战略的核心命题. 金融市场研究，2020（9）.

快递业务收入 10 332 亿元，同比增长 17.5%。电子商务
的快速发展推动物流体系日渐完善，流通网络不断延伸。
构建高质量流通体系，降低流通成本，是经济循环畅通
的重要保障。但是，目前我国基础设施水平和流通体系
现代化、一体化程度依旧不高，物流方面仍然存在成本
过高、效率较低的问题。[①] 物流成本过高是目前制约商
品流通的主要因素。流通体系在国民经济中发挥着基础
性作用。物流是现代流通体系的重要组成部分，是支撑
国民经济发展的基础性产业。目前，我国流通产业集中
度较低，经营方式较为传统，未具备规模效应，与产供
销之间没有形成紧密的联系。在构建全国统一大市场的
背景下，流通产业将加快行业内整合，利用信息化手段
降低物流成本，改善流通服务质量，提高流通体系的现
代化水平。畅通流通环节应将建设现代流通体系作为一
项重要战略任务。

　　构建全国统一大市场，有助于解决要素流动机制不
畅的问题。当前，我国要素市场化改革相对滞后，突出
体现在城乡之间的劳动力、土地等生产要素流动受阻，

---

① 刘元春，范志勇. 以双循环战略转型为契机加速构建发展格局.
北京：中国人民大学出版社，2022.

大量农村劳动力（占总劳动力 30％以上）滞留在 GDP 占比已不足 10％的农业部门，而城市公共服务品供给不足以及包括户籍、土地制度在内的各种体制性和政策性障碍，导致我国数以亿计在城市就业的农村劳动力及其亲属无法在城市定居，这使得我国城镇化比例不足 58％、户籍城镇化比例不足 40％，成为我国城市服务业发展的重要阻碍因素。一些地方政府为了增加本地就业、提升本地经济增长水平，往往采用"以邻为壑"等方式扶持本地企业，阻碍了要素的自由流动和高效配置。建设全国统一大市场，可以保障要素流动畅通，破除阻碍生产要素在城乡间和产业间自由流动的体制性和政策性障碍，使生产要素从农村地区向城市地区、从非服务业向服务业的流动能够更加顺畅。①

建设全国统一大市场，有助于应对当前我国经济发展面临的短期和长期两个方面的压力。从短期来看，2021 年年底的中央经济工作会议指出，国内消费疲软和投资不足导致的需求下滑、新冠疫情下供应链短缺的供给冲击以及预期转弱，是我国当前经济下行面临的"三

---

① 刘元春，范志勇. 以双循环战略转型为契机加速构建新发展格局. 北京：中国人民大学出版社，2022.

重压力"。从长期来看，随着我国经济体量越来越大，传统的增长动能已经逐渐衰减，依靠国际市场消化国内产能的传统经济增长方式难以为继，需要进一步发挥国内大市场对推动经济增长的作用。

建设全国统一大市场，也是进一步激发我国经济增长潜力的战略举措。全国统一大市场的建设主要可以从两个方面促进经济发展：一是有利于减少物质资本和人力资本错配，提高物质资本和人力资本的投资效率和积累效率；二是有利于激发中国人口众多和区域面积广的大市场优势，以超大市场需求引导供给扩张、分工细化以及技术创新。也就是说，全国统一大市场的建设，可以从促进资源配置效率提升以及促进分工和创新两方面来提升全要素生产率，进而推动经济长期增长。

贸易壁垒和劳动力流动壁垒的下降，对经济增长有着显著的促进作用。改革开放 40 多年来，中国经济高速增长的一个重要原因就是逐步构建起有效率的全国统一大市场，使得市场机制在全国范围内有效地配置资源。据测算，在 2002—2012 年间，省内贸易成本、省际贸易成本以及劳动力流动成本的下降，对于实际 GDP 增长的贡献率分别为 10.5%、4.8% 和 3.4%，而且这些流动成本的变化对于经济增长的贡献是逐步上升的。如果这些壁垒进一步下降，将分别使得实际 GDP 增长 7.3％、7.7％和 3.5％①，这对于促进中国经济高质量发展、充分发挥中国经济增长潜力有着重要意义。

二、建设全国统一大市场的误区

建设全国统一大市场是构建新发展格局的重要战略举措，但《意见》在具体的实施过程中，需要注意以下政策误区。

误区一：将全国统一大市场与计划经济等同起来。这种误解简单地将"统一"和"计划"等同起来，认为政府直接干预市场，就可以让市场中的各类产品要素服从统一调配，达到"统一大市场"的目的。实际上，全国统一大市场的构建是市场经济改革的继续和深化，必须建立在让市场在资源配置中发挥决定性作用的基础上。全国统一大市场中"统一"的核心内容是统一和完善产权保护、公平竞争、市场准入和社会信用这四个方面的制度，而这些都是让市场经济更好运行的必要举措。政府在建设全国统一大市场中的作用不是干预或直接参与市场竞争，而是要建

---

① 陈朴，林垚，刘凯. 全国统一大市场建设、资源配置效率与中国经济增长. 经济研究，2021（6）.

立和维护统一公平的竞争规则。无论是经济学理论还是历史经验都表明，政府过度干预市场，会因信息不足、激励扭曲等现实原因，无法实现社会福利的最大化。因此，《意见》的内容，是在强化市场基础制度规则、推进市场设施高标准联通、打造统一的要素和资源市场、推进商品和服务市场高水平统一、推进市场监管公平统一，这些都是在打破市场经济运行中的各种堵点和障碍。①

误区二：将全国统一大市场理解为自我封闭的内循环。产生这种误解的原因在于内外形势的变化：一方面，近年来保护主义、逆全球化在各国普遍抬头，部分西方国家在关键技术"卡脖子"、贸易关税等方面对中国的限制，加剧了这种误解；另一方面，国内的地方保护主义在疫情管控时期也重新抬头。这种误解只看到了全国统一大市场与国内大循环的相似之处，而没有在"国内国际双循环相互促进"尤其是"以内促外"的视角下全面理解全国统一大市场的建设。中国作为一个发展中大国，应该立足于本国要素、本国市场和本国需求进行发展，应当减少对于外国要素和需求的依赖，在外部不确定性

---

① 刘瑞明. 建设"全国统一大市场"的两种误读亟需纠正. 中国网，2022 – 05 – 25.

与风险加剧的背景下更应如此。只有构建起足够规模和深度的国内统一大市场，才能更好地构建我国的产业体系，建立起"以内促外"的新发展模式。① 同时，畅通国内大循环，也能带动对外需求的扩大，能为世界经济的复苏创造需求和增长动力，承担好大国责任。改革开放 40 多年来，我国的市场经济改革已经取得了一些成就，但仍然存在市场分割、地方保护、行业壁垒、标准不一等多种导致市场经济流通不畅的问题，必须予以破解，才能让市场经济更加高效地运行，所以要强调"全国性"，但这与全球化和开放并不矛盾。今天，中国经济已深度融入全球化分工体系，不可能只建立国内的统一大市场，而不去考虑全球的整个分工网络和外贸体系。恰恰相反，统一大市场的构建，客观上要求在全国规则统一的基础上，更好地实现高水平的制度型开放，构建符合国际公平竞争原则的规则，更好地融入全球大循环中。

误区三：全国统一大市场的建设与区域经济发展相矛盾。全国统一大市场的建设不是对"因地制宜谋发展"的否定，而是强调在畅通国内经济大循环的背景下，不

---

① 张明. 如何构建全国统一大市场. 金融博览，2022（7）.

能把区域经济的发展等同于每个区域各自为政、相互独立甚至进行"以邻为壑"式的竞争。一方面，对于区域经济的发展来说，统一大市场只是为地方经济发展制定了一些基本规则，比如消除地方性保护壁垒，在此基础上，各地方完全可以因地制宜发展经济，发挥比较优势，开展差异化竞争；另一方面，全国统一大市场的建设也需要区域经济的协同发展，优先在发展水平接近、资源要素互补性强的区域推进区域市场一体化，在此基础上逐步形成全国统一大市场。人力资本、土地、技术、资金和数据等各种生产要素应当在全国范围内得到有效率地配置，这就要求每一种资源的配置，要在适合的地方、适合的产业上获得最大的回报，地区和地区之间的分工也要基于这种统一大市场的格局。全国统一大市场的建设有利于区域经济的发展，如果要素和商品能够在全国更畅通地流通起来，京津冀、长三角、粤港澳等城市群将会更好地发挥辐射带动作用，这也会给中西部一些欠发达地区带来更好的发展机会和条件，让它们有机会引入东部地区的创新资源，加快产业升级。构建全国统一大市场的目的，就是要让要素充分流动，实现资源优化配置，最大限度地促进经济增长，让全国各个地方共享经济发展的成果。

误区四：全国统一大市场的建设与民营经济发展相矛盾。实际上，全国统一大市场的建设有利于民营经济的发展。建设全国统一大市场是要建立高标准的市场经济体系和高水平的社会主义市场经济体制，其目的在于培育出一个竞争更加公平、发展空间更为广阔的市场环境。具体来说，促进要素自由流动，优化了资源配置的效率；建设产权、数据等交易市场，为民营经济创造了新的商机；消除地方性保护壁垒，也为企业在不同地区的业务拓展布局提供了更好的条件。因此，全国统一大市场的建设不仅不会打击民营经济的发展，反而会进一步优化营商环境、激发民营经济的活力。

三、建设全国统一大市场的实施路径

全国统一大市场的构建，可以为未来中国经济的高质量发展和现代化建设提供一个高效的制度环境，是构建新发展格局的重要举措。当然，想要充分发挥全国统一大市场的优势，除了避免误解误读之外，在实践中也要理解难点、抓住重点。

构建全国统一大市场，要发挥市场对资源配置的决定性作用。目前，一些地方和领域仍然存在对市场分割

的行政干预，区域与区域之间体系对接的一体化程度还比较低，市场还没有完全地、充分地成为配置资源的主导力量，没有发挥出我国超大市场规模的潜力。因此，构建全国统一大市场，重点之一就是改善市场配置资源的能力，破除行政力量的阻碍作用。

构建全国统一大市场，要改变地方政府的激励。过去对于地方政府的考核和激励，特别强调 GDP 等主要经济指标的增长，这就要求地方政府要最大化自身经济发展的规模和速度，使得地方政府把人才、资本和技术等生产要素留在本地，导致地方政府缺乏使生产要素充分流动的激励。构建全国统一大市场过程中的一个重点就是要适当改变地方政府的激励。

构建全国统一大市场，要求政府更好地发挥作用。在构建全国统一大市场的背景下，相应的政策应当及时推进，比如户籍制度改革、土地资源的配置改革等。与此同时，全国统一大市场的构建，也对统一标准、产业准入等方面的进一步规范提出了要求。

综上所述，构建全国统一大市场的关键在于政府和市场的职能归位，在于处理好市场与政府的关系。一方面，全国统一大市场建设应当发挥市场在资源配置中的决定性作用，应当建立一种统一、畅通、有序、公平、规范的市场经济，在应该鼓励竞争的领域放松管制，提供更加高效的公共服务；另一方面，全国统一大市场要求更好地发挥政府作用，既要给地方政府合理的激励，让地方政府提供更加精准有效的公共服务，降低地方保护壁垒，也要为营造更好的市场环境制定相应的制度和规范，引导市场更好地发挥配置资源的作用，从而促进国民经济的循环、促进中国经济的高质量发展。①

---

① 刘瑞明："政府—市场"职能归位与全国统一大市场构建. 中国宏观经济论坛，2022 - 05 - 27.

图书在版编目（CIP）数据

构建新发展格局 / 刘元春，范志勇著. -- 北京：
中国人民大学出版社，2023.6
ISBN 978-7-300-31769-4

Ⅰ.①构… Ⅱ.①刘… ②范… Ⅲ.①中国经济-经
济发展-研究 Ⅳ.①F124

中国国家版本馆 CIP 数据核字（2023）第 097964 号

构建新发展格局

刘元春 范志勇 著

Goujian Xin Fazhan Geju

出版发行	中国人民大学出版社	
社　　址	北京中关村大街 31 号	**邮政编码**　100080
电　　话	010 - 62511242（总编室）	010 - 62511770（质管部）
	010 - 82501766（邮购部）	010 - 62514148（门市部）
	010 - 62515195（发行公司）	010 - 62515275（盗版举报）
网　　址	http://www.crup.com.cn	
经　　销	新华书店	
印　　刷	涿州市星河印刷有限公司	
开　　本	890 mm×1240 mm　1/32	**版　　次**　2023 年 6 月第 1 版
印　　张	8.75 插页 2	**印　　次**　2023 年 6 月第 1 次印刷
字　　数	130 000	**定　　价**　89.00 元

版权所有　侵权必究　印装差错　负责调换